島語 01
Isle Talk

小島說話：當馬祖遠離戰地，成爲自己

劉亦 著

萬千因緣聚合收斂成一個此時此刻，此身，此地。海還是那片海。外婆的手還是那樣黧黑，粗糙，半夜醒來會忽然饒富興味的說起從前婦女隊的故事，然而那時我們還來不及聽懂……

獻給圓滾滾的戰地婦女——外婆曹劉金（1933-2022）

1994 年馬祖開放觀光，劉金攝於她久違的故鄉西犬島田澳村，老家旁、鄰居門前。

目錄

推薦序——寫給馬祖的情書

劉宏文　作家

初識劉亦是在二〇一六年，我那時正忙於撰寫《桃園市馬祖移民史》。臉書上偶然看到〈劉金姊姊的馬祖話教室〉粉絲專頁，劉亦跟妹妹繞著外婆學講馬祖話的短片，非常活潑有趣；特別是他們戲稱外婆為姊姊，這在馬祖家庭極為罕見。我立即被祖孫間的親密互動給吸引，承他引介，認識了劉金依姆。長居台灣近五十年，依姆的馬祖話夾帶許多華語、台語，我們共度了非常愉快的下午。

一九七〇年代，馬祖仍在軍管戒嚴，駐軍人數約是島民三、四倍，大大改變傳統以農以漁的生息，也開啟一面認識台灣的窗口。原來海峽另一邊賺錢這麼容易，大人小孩進工廠，省吃儉用，一年卽可掙得一戶平房。於是，從一九七〇年至一九九〇年解嚴前夕，大約有三分之二的島民，前呼後擁，橫渡台海，在大小工廠上班加班。從此不再搏命捕魚，不再覓水沃菜，徹底告別民防隊身分，再也不用在防空洞裡躲避懾人心魂的恐怖砲擊。

劉金依姆卽是在這波移居潮中，領著那時還在讀國中的劉亦媽媽、舅舅、阿姨，投入他們原本稱爲「兩個聲」的台灣社會，重新適應「不見大海」的台灣生活。像多數適婚的馬祖女生一樣，近水樓台，她們與台灣男生戀愛、結婚，而有了如劉亦所說，他成了意外家庭之下的「意外受精卵」。

某次，我到龍岡跟依姆攀講，她正在蒸粽子，那種甜筒狀、僅有花生佐料的馬祖鹼粽。依姆說：「是給依命食的，伊愛食！」我聽錯了嗎？「依命」一般是馬祖人對幼兒的暱稱，像命一般疼愛；劉亦都已成年，在依姆心中仍是當年拿竹條追打的戇孫。

因爲血脈之情的召喚，劉亦不斷回到小島，回到外婆與媽媽的出生地——白犬島田澳村，村裡只剩幾戶人家。他邀集友人在那裏辦夏日市集，海廢藝品、二手衣物，居然還有剪頭髮的攤位，島上的人都來關心，那可能是田澳村近年來，擺暝以外最熱鬧的時光。我想，在沒有任何政府經費支援下，自發回到幾乎被人遺忘的小村，擺幾個注定無利可圖的小攤，在村人疑惑的眼中，他一心回望的，應該是外婆當年在這裡開撞球店、洗軍服的場景吧！

不僅如此，他甚至以一年時間留在馬祖擔任國小教師，教學以外，親手親腳探查這個他所謂「艱澀、深邃」的故鄉，以及被過多浪漫之霧遮蔽的島嶼。二〇一九年五月，同婚專法上路後，有地方議員在質詢時表示，馬祖是個純淨、純樸的地方，男男接吻、女女接吻，「比野狗還恐怖！」因這番言論，他與幾位夥伴以「彩虹海風小郊遊」爲名，連續三年手持彩虹旗，在南竿與北竿繞島①，表達對多元性別的支持。如同他在本書所寫：「我曾經寫過乘著班機離開馬祖，回頭鳥瞰島嶼，它像胎兒倒懸在溫柔的羊水之中——如果我們像聽診器靠近島的胎動，會聽見馬祖怎樣的心內音？」他聽見的島嶼胎動，轉換成散文與詩，後來變成一篇一篇馬祖文學獎的得獎作品，以及疫情最熾期間，線上辦理「島嶼大學」的熱情。

甫離世的文壇大師王文興老師，祖籍福州，跟馬祖人講同樣語言。他寫的《家變》與《背海的人》已是現代文學經典，雖然許多人不習慣書中的部分句法與詞彙，可馬祖人咀之嚼之，卻有「說到心坎裡」的感覺。在一篇談〈讀與寫〉的文章裏，王老師說：「慢讀而後，可知文體氣定神閑，從容不迫者爲美，反是乃劣。」

我讀劉亦的文章，就有這種感覺。他的「氣定神閒」與「從容不迫」除了來自文字節奏、韻律，來自他優美的文體之外，主要還是他的知識與學養。他幾乎遍覽包括文學作品在內、當代所有與馬祖相關的資料與文獻，消化整理，而有了一己之見，娓娓道來，處處可見機鋒；以致這本改寫自學位論文、近九萬字的書寫，我讀來如平原走馬，一閃一閃亮晶晶（劉亦語），絲毫不覺學院文章的艱澀與阻滯。

劉亦出身台大社會系，或因如此，他總是從更廣泛的社會建構的角度，將作品置於外在環境的某個定點（書寫年代、冷戰氣氛、兩岸情勢、地緣關係、民主運動等），融合內在體驗（成長背景、島嶼觀察、遊學經歷等），大致依照台灣文學史的概念，從「軍中文學」、「懷鄉文學」、「地方文學」到「島嶼文學」，有條不紊地探討了幾位曾在馬祖服役、或與馬祖有某種淵源的作家，包括：一九七〇年代的公孫嬿、張拓蕪，一九九〇年代的舒暢、桑品載，以及二〇〇〇年以後的何致和與龍應台，最後聚攏到島嶼自己的聲音。他以精確而富有詩意的筆觸，抵抗一切宣言式的粉飾與簡化，一步一步爲馬祖文學堆磚疊石，填補歷史的縫隙。

劉亦說：

不諱言，本書試著努力朝向一門「馬祖學」，建構外婆背後的世界。論文的關鍵字也許需要格式工整，正襟危坐，但我心裡的關鍵字無疑是：回家……然而回家豈有如此容易？這一路注定是一趟永恆的飛行：我和外婆的老樹濃蔭——

雖然戰地馬祖很難有老樹濃蔭——那真正的「家」只能無限逼近，永遠不可能真正觸及。

他在二〇一八年「馬祖文學獎」的得獎詩作〈遲來〉，寫他摯愛的外婆，最末一段：

有那一夜她降生在小小的白犬島
有包圍著島的海，包圍著海的雨
搖搖晃晃
密密麻麻
織成這封，注定失效的情書
是八十年後臺灣外孫遲遲趕到
用許多字想贖回妳的一生

我以爲，《小島說話：當馬祖遠離戰地，成爲自己》即是劉亦寫給外婆的情書，對馬祖而言，收信人不只是外婆，它沒有失效，也沒有遲來。

歡迎回家，劉亦。

①

作者註：分別是南竿（二〇一九、二〇二一年）與北竿（二〇二二年，這一年張娟芬也有參加，就是她說我招她去的那一回）。

推薦序——劉亦舞劍

張娟芬　作家、學者、社會運動者

我第一次去馬祖，就是劉亦招我去的。我們飛去的那天，照片拍起來天多麼藍，我們很樂，因爲台灣有颱風。航程還不到一小時，但我已經到了一個「台灣天氣預報不適用」的地方。那是我第一次在地圖上找馬祖在哪裡，找到時，渾身汗毛豎立。

這幾年，劉亦與馬祖劃上了等號。我恰好在他的研究初成形時聽過一點，碩論完成時看了一遍，在馬祖鐵板村天后宮——就是本來要開「島嶼大學」的那個古早的學堂——聽他講了一遍，現在成書，再完整細讀一遍。

項莊舞劍，意在沛公；劉亦舞劍，當然意在馬祖。與馬祖相關的文學作品就是他的「劍」。但是這個任務非常困難，因爲他上天下地蒐羅而來的作品，從公孫嬿、舒暢、何致和、張拓蕪、桑品載、龍應台到馬祖文學獎邀請的「名家」，都幾乎沒有寫到馬祖。他們之中有些在馬祖待得長，但是待在軍隊裡，而軍隊是極爲封閉的系統，除了戰略位置、地形地貌以外，與駐防之地關係淡薄；有些待得短，則各種隔閡，更不用說。幾乎可以說，這是一批「物理性在、但社會性不在」的馬祖作品，他們無一誕生於馬祖的社會網絡。這些作品的分析大約占了全書四分之三以上的篇幅，所以劉亦此書，實是無米之炊：他用馬祖成分稀薄的作品，（竟然！）呈現了馬祖豐富的精神面貌。

點石成金之法，在於劉亦輕盈自然地在文學與社會學中間穿梭。他藉公孫嬿，講「戰地政務」其實是「戰地政霧」：「公孫嬿在文學中祭起的擎天大霧，就是充斥著『客觀』的景物現實。」藉舒暢，講冷戰之冷，竟至「期待」戰爭：

「他仍然困在永恆的此時此地，只能在多年後以百年身，寫書控訴偉人言猶在耳的謊言：事實上時間就是過去了，他被拋棄在無止境的等待之中。敵人沒有來，我們也沒有『反攻』。」藉何致和，講台灣與馬祖的時差：「小說裡的大頭兵是帶著台灣自由的身體，走進馬祖仍在冷戰的時區」。藉張拓蕪，戳破反共復國大業的虛僞：「馬祖對他而言不爲毋忘在莒，只爲好酒貪杯。覆蓋馬祖全境、由上而下的黨國敘事被張拓蕪直白的自我揭露給撕開了，馬祖從言必光復河山的軍事要地，還原出其素顏的原色：一顆普通的大礁岩。」藉桑品載，講「海峽認同」：「他跟著部隊從陸到海、自島而島，形成一種輾轉於前線與後方、堪稱破碎，以致個人年表難以建構，但我更寧願稱爲『群島』的感覺與經驗。」他嚴厲批評龍應台及其民國史觀：「馬祖的軍事地景只不過是從遠方眺望中，視覺裡的一個物件，維持著安全距離。她沒有故事可寫。」

雖然帶著「馬祖學」的開創意圖與使命，但作者個性鮮明，絕不溫吞，所以閱讀的額外樂趣也來自他眞的很會罵人。上面我引龍應台的那一句話，還不是最兇的。

劉亦舞劍兼顧了文學的韻味與社會學的分析，並且示範了以社會學的眼光閱讀文學作品的方法。有的文學評論寫得飛揚佻脫，但終究是評論者本人浮想聯翩強做解人，像球評忍不住把球員推開，自己下場打球。另一極端則誠惶誠恐不敢分析，只有「換句話說」地重複創作者講的話，像個書僮似的走在作者左後方半步，不敢造次。劉亦兩者皆非，他眞正提供一種視角，並且用嚴密的論證一步一步推導出自成一格的詮釋。

同時他也示範了以文學性的語言，來進行社會學論述的方法，例如「如今我們發現它早就坐落在台灣文學的星系之中。雖然它體積不大，引力卻不小」，例如「乘著班機離開馬祖，回頭鳥瞰島嶼，它像胎兒倒懸在溫柔的羊水之中」，例如「若說馬祖島嶼的土地是家鄉，則語言或許可視爲家鄉的延長」，例如「論文的關鍵字也許需要格式工整，正襟危坐，但我心裡的關鍵字無疑是：回家」。劉亦證明，格式是否工整並不重要，格式只是平庸者的浮木，抓住了跟著做就沒有功勞也有苦勞。事實上，學術於社會的貢獻，無關乎格式，而關乎洞見：從成分稀薄的沙金中辨認出閃亮的元素，將之淘洗出來，建構成學，如同劉亦此書所做。

這個小島被他寫得好大：對照於金門、對照於台灣、對照於沖繩，來談它因軍事化而得的現代性；又從馬祖的海盜時期開始，經過劃入中華民國版圖、戒嚴、戰爭、移民、寫到遲來的開放與觀光發展，而馬祖在這個版圖裡仍然流離失所，乃至失語。

但小島也被他寫得更小：例如東引也在偶然因素裡被劃入馬祖的範圍，成爲「連江縣」諸島中的一個，而東引在資源的位階上，恐怕又比南竿北竿往下一階。雖然稍有猶豫，但劉亦仍然認爲「東引的『他者』可能不是中國、不只台灣，還有——『馬祖』。」

一山還有一山低。小島可以無限向下切割，一粒米也可以磨至細小如沙。知識會驅策我們窮追猛打地分辨此沙與彼沙的特殊性，但在某一個臨界點，基於身心安頓之需，智慧也許會說：我知道我們個個不同，不過，我就把共同體的界線畫在這裡，我回家了。

1990 年代，馬祖駐軍逐步減少，但在西犬島田澳村仍可見戰地經濟留下的冰果室招牌，以及打公共電話的阿兵哥。照片中是四歲的我和兩歲的妹妹，第一次回到外婆的島嶼，那裡剛剛從戰地政務裡甦醒，聽她和老鄰居酣暢淋漓地用母語攀講。

第一章　開往家鄉的慢船

因為近鄉情怯，所以呼朋引伴。

大學以前，我意識不到從小生長的母系家庭有多特別。聽我媽用什麼語言，就能猜出話筒對面的人；準備家長裡短，說別人壞話時，也會熟極而流從華語切換成閩東語。我以爲戰地婦女外婆難能可貴的拿手好料紅糟雞麵線，只是萬千台灣手路菜的其中一項，沒有意識到它的籍貫不是客家（雖然客家紅糟也好吃）、不是閩南，而來自閩東福州。

我和外婆感情很好，雖然從小我只覺得這個烏黜黜（ŭ thuk thóuk）的婦女大手大腳，粗魯異常，會去家對面的竹林攀折細枝，回來揮打我和表哥表姐，直到被我媽阻止。和文學或連續劇裡那種娟秀、優雅的阿嬤大相逕庭。她愛看台灣鄉土劇，但聽不懂台語台詞，每次都用猜的：「他愛她，安是囉（àng nêi lou，有錯嗎、對嗎）？」「去了（khŏ lōu，完了），他要被殺了？」我們到後來都懶得替她作解人：「你就看嘛！」

她到菜街（tshài ke，即菜市場。不確定是不是受台語影響的「台灣馬祖話」）會用堪稱洋涇濱的奇異語法指著菜或蛋或什麼，問老闆：「這個好多錢？」有老闊一頭霧水：「不多錢！」有一次我的馬祖外婆和台灣阿嬤在菜街遇到了，年紀還小的我已經懂得興奮，除了兩個阿嬤打破次元壁相會，還有她們客客氣氣的雞同鴨講。我知道在兩個阿嬤家耳濡目染的語言不同，但沒有想過她們如何交會在這座島。

雖然外婆家在桃園龍岡圓環左近，但也知道眞正的外婆老家不在此處，而在一座遙遠的荒島。一九九〇年代我就跟著我媽和外婆一起回去過馬祖，那時馬祖剛從戰地政務深深的夢裡甦醒，列島人口大量流出，西莒田澳村近乎十室九空。時空膠封在昔日，就連洗澡都要到屋外簡陋的棚屋舀水沖。所以媽媽小時候說憋尿憋到半夜、不敢頂著冷風自己跑出去上廁所，最後尿床被外婆一腳踢下床的故事，也依稀可辨。

那時國軍已在精簡，但村裡仍可見阿兵哥。整個夏天我跟著他們跑進租書店，免費借一疊《靈異教師神眉》，直到臨行前被老闆質疑是不是有書沒還，讓我屈辱得頭也不回的離開。

一九九二年解嚴以前，馬祖像膠封在「戰地政務」的時光琥珀裡，體制嚴苛，發展不易，台馬之間人員往來困難。一九七〇年代左右才因管制漸弛，而有一批批馬祖人突破戰地的鐵幕，橫越海峽來到台灣落腳。我來自西莒島的外公外婆便在其中。一九九〇年代，來自馬祖西莒講閩東語的家母，和來自大園內海講閩南語的家父，在馬祖人大量移居的中壢、桃園一帶結識，展開孽緣，生下了我。歷史學者林孝庭稱戰後台澎金馬是「意外的國度」，我遂常戲稱自己是「意外的受精卵」、堂堂正正的「中華民國台灣之子」——如果中華民國沒有遷移來台，就不會牢據馬祖。不管國民黨是贏得中國大陸或者被剿滅，無論現世之神拿到哪一套歷史劇本，家母都會在白犬島（今西莒）上出生，順理成章地向原鄉關係密切的中國大陸沿岸城市（福州，或者北上廣深？）遷移、嫁去，和台灣島上的家父在另一個時空相忘於江湖，我也就無從降生（也不算壞事）。

二〇一六年，我用外婆的名義開了一個臉書粉專「劉金姊姊的馬祖話教室」，記錄外婆跟我們母語和華語夾雜的妙語如珠。隔年我以考察馬祖話在年輕輩口中通行程度爲理由，逆著外公外婆從小島到大島、從前線到後方的路徑，隻身回到馬祖。那時我不會想到意外的返鄉之艱澀，如網友所言：「你回來的時候，這裡已經是異鄉了。艱苦的適應之後，才有機會變成故鄉。」①但也是因爲這份艱澀及其深邃，能有機會於數年後鑄成我的碩論，及現在這一本書。

一九九二年，金門、馬祖解嚴，揮別戰地政務時代，台灣文學界大佬葉石濤在金門作家黃克全的小說座談會上說：「金門不屬於臺灣的一部分。將來當臺灣人走向自決之路時，金門應該不包括在內。縱然，金門全體人民願意與臺灣站在一起，但是其地理位置太靠近大陸了，其未來命運將是如何？」葉石濤一語道破金門和金門文學的尷尬處境：就算金門人願意和台灣站在一起，但因它靠近大陸／中國，仍然難逃其地緣位置帶來的強大引力。「金門應該不包括在內」一定程度上也代表台灣人對金馬的態度：不爭取亦不承認金門（與馬祖）是當下的共同體，以及未來以「台灣爲主體的新國家」的一部分。

然而果眞如此嗎？或者還能有其它想像？三十年後，台灣文學界終於回過頭來探問「離島問題」，二〇二一年台灣文學學會年度研討會以「台灣大文學史的建構與想像」爲題，直言在討論台灣文學時多半集中台灣本島，我們是否能夠更宏觀的想像一部擴及金門、澎湖、馬祖乃至其他離島的「台灣大文學史」？學界開始出現「更新文學史」的呼聲。

我將在這本書裡展示：隔著海峽，從過去素未謀面、到現在也因了解不深而難免猜忌的台灣和馬祖，其實在文學上的交織早已絡繹於途。馬祖的書寫過去不曾被系統性的指認出來，如今我們發現它早就坐落在台灣文學的星系之中。雖然它體積不大，引力卻不小，讓台灣文學裡的幾個重要概念：「軍中文學」、「懷鄉文學」與「地方文學」，都被牽引著稍稍偏離了本來的航道，發生了一點點斗轉星移。「一九四九」後大遷徙的寫作者們在東亞這一片小小的海域畫下複雜的軌跡，有的雄心壯志，有的萬般無奈。但連綴起來，就幾乎可以伸手去指：那是

① 羅士哲個人臉書：「被問及對返鄉青年有何建議。(1)不要隨便租房子搞裝潢，你會被壓垮。(2)不要想做好萬全的準備。(3)學歷、經歷、關係。這三者都沒有的人，你要有在故鄉被人看不起跟踐踏的心理準備。(4)你回來的時候，這裡已經是異鄉了。艱苦的適應之後，才有機會變成故鄉。」

過去半世紀，台灣、馬祖、甚至中國的交相作用下，作家以生命歷程繪製出的群島圖。

⊗

如果不是一九四九，馬祖不會跟著中華民國的統治，匯入「中華民國台灣」，和中華民國政權、和台灣「本島」綁定。如果不是與中華人民共和國的軍事對峙，邊疆小島不會成為戰地前線，得到黨國銳意經營、大力挹注。所以對馬祖而言，它的現代化和國家化是同時開始的。雖然馬祖常和金門並稱，有近乎難兄難弟的命運，但它們眞的天南地北，毫不相同。

金門說的是閩南語，和台灣腔調有別，但大致能通；馬祖說的是閩東語，台灣朋友說乍聽像客家話，但完全不互通。金門的開發史遠早於台灣，當然更早於馬祖，所以有悠久的宗族組織，金門人注重功名、科舉，出了一堆儒家知識分子；馬祖不是，馬祖相較沒有長期、穩固的歷史，和儒家核心的士大夫相較，馬祖更以海盜的歷史自豪。雖然經過黨國的恐海教育，現在馬祖血液析出的體脂肪可能比海水鹽分更高了。

前現代的馬祖被哈佛學者宋怡明（Michael Szonyi）稱爲「沒有社會的社會」，因爲它在歷史上一直是座隨季風遷徙的臨時漁場和貿易小島，少有定居住民。直到國軍登陸，開始封鎖海洋。因此宋怡明稱：「馬祖本身是脫胎自軍事化時期的產物。」或謂「軍事現代性」。討論日治時期台灣史時，「殖民現代性」是一個關鍵詞，它表達一種難以評斷的曖昧：雖然日本統治帶入了醫療衛生、現代教育、標準時間制等「現代」產物，應該給予正評，但實際上這些「現代」事物並不是爲了台灣人生活舒適，而是方便殖民統治。因此「現代」的好和「殖民」的惡，是糾結在一起的。

馬祖也是如此。軍方的統治固然帶給馬祖教育、醫療、經濟等發展，但其初衷並非帶給馬祖福祉，而是便於實施軍事統治。然而中華民國統治馬祖並不算殖民，因此「軍事現代性」不只言簡意賅說明了馬祖有別於台灣的獨特性，也表達了馬祖對戰地時代統治者的難以評價。

鳥瞰台灣周邊島嶼，雖然各擁脈絡，但仍有共相可尋。例如不只綠島，蘭嶼也在戒嚴時期被當成重刑犯、政治犯的監獄，台灣的海洋「兩岸」——台灣海峽與太平洋，因各自的地緣位置，受到戰後中華民國分派了不同的國家任務。金門、馬祖靠近「匪區」而被指派為「前線」；太平洋側的綠島、蘭嶼則成為國家的「垃圾桶」，丟棄衍生物、副產品——從社會的副產品罪犯，到能源的副產品核廢料。邏輯一以貫之，形成一個環繞著中華民國／台灣本島的「犧牲的體系」，為了本島的安全和繁榮服務。巧合的是，日本學者高橋哲哉曾在《犧牲的體系》中指出，服務於戰後東京之繁榮的福島、沖繩，正好是被轉嫁了能源與國家安全責任之處，可見現代國家的責任轉嫁是有共相的：「地方」為中央服務，服務項目是能源與軍事的負擔。無獨有偶，身為島嶼，馬祖、金門也曾經是核廢料的貯存候選地。

金馬的複雜還不只如此。一般談到「戰後」，盤桓在「中華民國台灣」上空的戰爭時間有兩股。其一是台灣史觀的一九四五年，日本戰敗，台灣改受中華民國統治；其二是中華民國史觀的一九四九年，國共戰敗，政府遷台。然而金馬其實存有第三股「戰後」時間，即解除戰地政務的一九九二年。至此之前，法律上金馬是戰地，受各種禁制。實際上的砲戰也直到一九七八年底才歇。論及台灣四大、乃至五大族群（原住民、閩南人、客家人、外省人，近年加上新住民），金馬人卡在各分類的中間，無處落座——金馬確實是「外省」（福建省），但和一九四九前後渡海來台那波外省人的脈絡大相逕庭。明明稱「台澎金馬」彷彿占了國土的二分之一，但其實是通天入地的「被缺席」。

對於馬祖而言，台灣和中華民國雖然未必全等，但兩者幾乎同步被馬祖認識——馬祖認識的「台灣」，已經是中華民國中央政府所在地的台灣。對馬祖人而言，無論中華民國和台灣都是外來或外在於馬祖的，兩者不一定有台灣人認知的這麼大不同。可能直到一九九〇年代，台灣本島才被以新興的政治力量——「台獨」之名，被馬祖重新認識，使馬祖意識到台馬有別。更令人五味雜陳的是，這個「新台灣」往往是來「切割」馬祖的。正如馬祖尷尬的地緣位置，它既陷落在中國與台灣「兩岸」，又同時受到中華民國和台灣兩股史觀的沖激，置身多重的夾縫中。

我曾經有一個版本的論文計畫，是將琉球（沖繩）和馬祖並置。二戰時死傷慘重的沖繩戰，可以比擬台澎金馬唯一發生過登陸戰的金門古寧頭；而二戰後迅速進入冷戰，沖繩爲日本本土扛起基地化的任務，也如同金馬爲在台灣的中華民國所承受的命運。不過礙於語言的次元之壁與沖繩學的汗牛充棟，我自認不足而放棄。不過沖繩經驗與省思仍值得對話，我甚至認爲不具軍事化、基地化經驗，反而身爲金馬軍事化之受益者的台灣，相較之下，是很難理解沖繩的。

進入現代以來，島嶼不可免俗被納編進以大陸國家爲延長的政權之中，有學者語重心長：「現代國家權力粗暴地基於進步主義，將所有地方性的東西加以扼殺。」②十九世紀的廢藩置縣、琉球處分之於沖繩如此，二十世紀的「一九四九」、戰地政務之於馬祖也莫不如此。

出身琉球西表島的作家崎山多美在一次來台演講就提到，對她而言沖繩（本島）和巴黎都像是異國。島嶼的成長經驗，讓她對「國家」的認知相當不同——「國界線」、「國籍」是有如殖民地的概念；對於日語則有「違和的身體感」。她認爲也許正是在西表島生活、長大的身體，自然地抗拒「我是哪國人」，所以形成了傾軋、扞格的感受。在本書中，我們也能見到馬祖列島作爲地方，面對現代國家強行刺入的張皇失措。

大江健三郎（一九三五—二〇二三）遊歷沖繩後，認爲「日本屬於沖繩」（日本は沖縄に属する）。學者吳叡人在《受困的思想：臺灣重返世界》中對此的詮釋是：日本的自立建立在沖繩的犧牲之上。也就是說，沖繩爲日本承擔苦難、付出代價，日本在道德上對沖繩有所虧欠（morally indebted）。從沖繩和日本的案例，除了能認識到「加害／被害」關係的重層性——以廣島核爆爲代表，日本

② 今福龍太、朱惠足，〈序言〉，《文化研究》第二十八期（二〇一九年春），頁二二〇。

擁有「受害」經驗，但面對沖繩時，日本則是無庸置疑的加害者。延續著這樣的說法，台灣同樣可能屬於馬祖——不只在文化的互為涵融，更是政治道德的層次上。在大江健三郎的意義上。

日本小說家島尾敏雄（一九一七—一九八六）用拉丁語自創語彙「日本尼西亞」，也就是「日本—群島」③。同一個構詞原則的「台灣群島」則是來自吳音寧在臉書粉絲專頁的說法：「我說的台灣島嶼，包括了澎湖、金門、馬祖、小琉球、綠島、蘭嶼等地。我們的台灣，是群島的國度。」「日本尼西亞」朝海洋與島群開放，「台灣群島」也擴張台灣，解除「本土」的狹隘性。所謂「本土」其實是多元，主體並立，秩序繽紛，就如同法律史學家王泰升所言：「台灣共同體內部是複雜的，只有看到複雜性，才能夠相互尊重。」

二〇二二年夏天，我的外婆劉金心臟驟停，搶救後陷入了昏迷。我到醫院去看她，在咬著氧氣軟管的她耳邊說：「我很愛你喔，外婆。你是全世界最棒的外婆。」偷捏她下巴的垂肉肉，期待她跟以前一樣，不耐煩地嘖一聲，揮手把我手打掉。同年秋天，我已到京都大學文學研究科展開爲期一年的交換學生，她在十月份的一個凌晨長逝，魂歸西島。和三十年前過世的外公合葬在台灣，離故鄉的海遙遠的山丘裡。

人的肉身會老去、腐朽，但是知識可以傳承。這一本書就是我回家的船程。二〇一九、二〇二〇年，我和夥伴在外婆老家田澳村舉辦夏夜市集「回外婆家」，還有好多老鄰居記得她，問劉金姆怎麼沒回來呢？當時，我們的口號就是：「因爲近鄉情怯，所以呼朋引伴。」

本航線途經波濤洶湧，終點是那失去在時間裡的故鄉。奄美大島的方言裡，

③ 參見〈日本尼西亞的根部〉（島尾敏雄著、朱惠足譯，《文化研究》第二十八期），譯註：「這個詞被用來探討日本從奄美大島到沖繩群島的西南諸島在日本列島史當中扮演的角色、以及這些島嶼受到壓迫與掠奪的歷史經驗。」研究者劉剛在〈軍事化體制下的「灰度」選擇：冷戰沖繩（琉球）核心價值觀形成之所在〉中也有類似的看法：「沖繩的相對大國是中國日本等國，日本有人提出日本尼西亞來統合戰後日本的疆域範圍。」

島唄（しまうた）就是「故鄉的歌」，島與家同義。這艘開往家的慢船就要啟航。

參考資料

＊黃克全，〈附錄：黃克全小說座談會〉，《太人性的小鎮》。台中：晨星，一九九二年。
＊高橋哲哉著、李依真譯，《犧牲的體系：福島．沖繩》。台北：聯經，二〇一四年。
＊今福龍太、朱惠足，〈序言〉，《文化研究》第二十八期（二〇一九年春）。
＊島尾敏雄著、朱惠足譯，〈日本尼西亞的根部〉（ヤポネシアの根っこ），《文化研究》第二十八期（二〇一九年春）。
＊王泰升，〈台灣法律史：從前不教的一門課〉，台大開放式課程。
＊劉剛，〈軍事化體制下的「灰度」選擇：冷戰沖繩（琉球）核心價值觀形成之所在〉，江柏煒主編，《馬祖：戰爭與和平島嶼國際學術研討會論文集》。連江：連江縣政府，二〇一八年。

第二章　前線島嶼：「等待戰爭」的戰地

一個特殊大歷史條件下，出現的一個特殊小空間，
裡頭充滿短暫的、特殊的人際往來。

第一節　戰地政「霧」：公孫嬿的馬祖「新文藝」

一、國家要你扛筆當槍

馬祖和國軍的關係並不是一開始就如今天我們理解的關係密切。歷史學者宋怡明的說法很精準：馬祖因爲地勢陡峭、地力貧瘠，歷史上長期以來只被當作季節性漁場或貿易中轉站。人隨季風而來，隨季風而走，定居者並不多，宋怡明稱爲「沒有社會的社會」。這點和金門相比最清楚，金門的漢族開發史可以追溯到晉代「五胡亂華」（西元三〇四—三一七），唐代（西元八〇三）就在金門設置行政機構，因此金門有非常長期的宗族社會發展史，和馬祖大相逕庭。當我們想要回頭尋找馬祖「前現代」的史料，往往只能在島嶼的羅列間驚鴻一瞥。

同時，馬祖也是「無（現代）國家」的：從帝國放射的權力往往鞭長莫及，治理痕跡薄弱。因此，國軍的登陸對馬祖而言，可謂天翻地覆的震撼。然而當時的馬祖人不可能想得到，第一次受到現代國家的統治便是以這麼漫長、這麼沉重嚴苛的形式。

一九四九年是個標誌性的年份，當年國軍登陸馬祖，年底中華民國中央政府遷移至台灣，同時這也是最多外省人移入台灣的年份。但其實一九四九的前後幾年，都有爲數衆多的外省人跨越海峽前去台灣，兩個政權的海洋邊界也仍在模糊狀態，包括持續數年的爭奪與交火。例如，海南島在一九五〇年五月被共軍渡海「解放」前，名義上還是中華民國國土。約同一時間，位於杭州灣南岸的舟山群島也才正在進行國軍全員撤退。一九五五年一月，台州市外海發生一江山島戰役，引發同年二月的大陳島軍民大撤退。以台灣島的觀點而言，似乎政權切分是一刀兩斷，但實際上直到一九五〇年代中期，這些星散在中國大陸周邊的島嶼仍在進行國共爭奪戰。因此，本書以引號「一九四九」來概括兩岸逐漸確立分隔的那幾年。

「一九四九」後，國府除了改造黨組織，也將軍隊「政治工作」，也就是思想教育列爲核心，念頭於是動到各種「媒體」上，如廣播、電影、出版品，並鼓勵官兵創作，參與藝文競賽，軍中文藝遂在一九五〇年代成爲國軍特色。國防部總政治部還在一九五一年四月的〈敬告文藝界人士書〉喊出「文藝到軍中去！」，鼓勵更多「反共抗俄」的文藝進入軍中。

軍中和反共文藝雖然關係密切，可是文學和人一樣有生命周期，過了一段時間會趨於疲態，何況是在官方主導下的文學政策。例如國軍文藝雜誌《軍中文摘》三年多後改版爲《軍中文藝》，大量增加照片篇幅，希望能提高軍人的閱讀動機與樂趣；兩年後又改名《革命文藝》，免去「軍中」二字的限制，企圖將讀者群、作者群擴及台灣社會的其它群體；一九六二年又改版成《新文藝》。可以說是不斷在調整策略，試圖挽救政策的僵化。

一九四九到一九九二年間，以因應隨時可能爆發的戰事爲由，馬祖建立了「以軍領政」的戰時體制，也就是今天我們所稱的戰地政務。金門、馬祖被當作「前線」，當局爲了宣傳進行大量動員，比如號召作家參訪馬祖、金門，鼓勵他們書寫戰地前線的戰爭實況。鑒於當時的媒介不豐，可以想像作家如同今天的YouTuber，這群「筆部隊」就是受政府招待以弘揚官方意識形態的流量明星。例如一九五八年金門八二三砲戰後，軍中作家和社會的文藝工作者到砲兵陣地、蛙人隊裡訪問官兵，並造訪執行心理戰的播音站，也抵達受砲擊影響的村莊。

軍中新文藝運動達到高潮的一九六五年，台灣省婦女寫作協會出版了前線報導作品集《金門．馬祖．澎湖》。「婦協」得到國防部的協助，在朱西甯等軍中作家的陪同下，訪問澎金馬三島。主編謝冰瑩表示：「沒有前方將士的守土衛國，我們後方的同胞，怎能安居樂業？我們從事筆耕的朋友，怎能寫出許多反映時代的作品來？」作家們的任務很明確：短暫造訪前線，將艱苦精神帶回後方台灣，共同爲邁進「反共復國的大道」作出貢獻。

在這樣的大背景下，公孫嬿於一九七一到一九七四年，以指揮官的身分出現在馬祖。那個時候，軍方刊物《新文藝》仍在刊行，反攻復國的意識形態猶在輻射，但距離「一九四九」已經二十年有餘，國際形勢又轉變快速，公孫嬿雖然難免也需要喊兩句反攻復國，讓他的作品不至於偏離「典型」太多，但更多的是一種隱隱的疲憊，以及留白。就公孫嬿個人的創作史，這也是他的「新文藝」時期：他的馬祖書寫迥異於金門時期的壯懷激烈，被擠壓在外在體制與個人心境中間，作品形成一種「遮蔽」狀態，我稱之爲戰地政「霧」。

二、指揮官難以洞視的島

公孫嬿（一九二五—二〇〇七）原名查顯琳，出生在民國時期的北平。他本來在北平讀大學，後來「投筆從戎」進入軍中，一九四九年隨軍隊來台，一九五一年、一九五四兩度駐防金門，也曾短暫進駐一九五〇年五月軍民全員撤退來台的舟山群島。一九七一至一九七四年則派赴馬祖任砲兵指揮官，「舉凡舟山、臺、澎、金、馬都有島嶼書寫的記錄。」①

公孫嬿在「一九四九」後的軌跡，一定程度上象徵了外省軍人在冷戰的歷程：輪流派駐在海峽的各個島嶼。他曾稱自己命中帶「雙驛馬」，注定四處遷移，但他恐怕沒想到離開亞洲大陸後的軍旅生涯不像「馬」，更像船舶，在海域流動不止。公孫嬿也可說見證了冷戰時代中華民國的版圖，從中國大陸、到沿海島群、然後固化爲台澎金馬的冰消瓦解。最後他官拜少將，被稱爲將軍作家。

先來看看他金門時期的作品。公孫嬿兩度派駐金門皆在一九五〇年代，離「一九四九」尚不遠，反攻的心仍熾熱眞摯；公孫嬿個人也年方二、三十歲，血氣方剛。同時，金門和馬祖是眞正承受過共軍砲彈落下的接戰區，公孫嬿此時呈現的是「砲火下的火線抒情」②，在國破家亡的壯懷激烈中，交織著兒女情長的款款深情：

「來吧！親愛的。」我是這麼樣的在低喚著妳了。我更想問妳：「台灣海峽的

①許國樑，〈尋找將軍作家公孫嬿的文學位置〉（宜蘭：佛光大學中國文學與應用學系碩士在職專班碩士論文，二〇一五年），頁十八。

②同前，頁二十二。

風濤妳不怕嗎？」……當我在戰場上負擔起沉重而偉大的任務時，我早明白了個人的幸福原繫於民族之安危，化小愛為大愛，把一腔熱血奉獻給國家……

——公孫嬿，〈春雨寒舍花六題（二）午之輕喟〉，《春雨寒舍花》

然而馬祖時期，不只風格已經不同（那個很顯眼的女部的「妳」消失無蹤），文章數量也難以匹敵，僅留有散文數篇。若論冷戰史，金門和馬祖最大的差異，就是金門曾經歷古寧頭戰役的實體登陸戰。八二三砲戰和後來的「單打雙不打」雖也波及馬祖③，但絕大部分砲擊仍由金門承受，亦即金門是世界冷戰與國共戰爭局勢下，台澎金馬境內爲數不多的「熱戰」經歷地。

公孫嬿就曾於文章中說他在金門當砲兵連長時，曾遭遇一九五四年的「九三砲戰」——九三砲戰發生於一九五四年九月三日，是繼一九四九年古寧頭戰役後最大規模的砲戰，引發第一次台灣海峽危機；他在烈嶼（小金門）待了三年，左耳都震聾了。雖然公孫嬿也曾提及馬祖單日砲彈降落的情景，但因距離落彈位置跟金門相比較遠，加上落彈數量有差異，他居然有閒情逸致把落彈當背景：「砲聲震撼天地，爲海疆前線增加不少火藥氣息。」因此與金門相較，馬祖可謂冷戰的「冷極」，戒備森嚴，但始終在「枕戈待旦」——等待戰爭④。

此外，當一九七一年公孫嬿派駐馬祖時，他已年過不惑；擔任過菲律賓陸軍武官、駐伊朗三軍軍事武官，又具有指揮官身分、少將軍階，已沒時間也沒有心情再「火線抒情」。一九八三年一次廣播專訪中他透露，金門砲戰期間他兩度寫遺囑，因爲隨時準備被打死，在那種心境下毫無牽掛，把情感都發洩在讀書和寫

③ 馬祖在「單打雙不打」中曾遭受不少傷害，例如《斷裂的海》（二〇〇二）中就描述了一九六九年南竿的「中正堂砲擊事件」：「該年九月二十九日，馬祖唯一的電影院——南竿梅石中正堂——正播放電影，全場滿座，一顆宣傳彈命中戲院屋頂，造成一名孕婦死亡、一名三歲幼童送醫後死亡，二十餘人輕重傷……類似的悲劇，在馬祖的四鄉五島都曾發生過，但未有官方正式統計、幾乎不存在任何正式紀錄或報導，僅散見各鄉鄉誌與個人部落格。是故，馬祖雖然未曾經歷過正式的地面戰爭，但亦長年於『砲擊』下生活。」

④ 對此，馬祖作家劉宏文有不同的看法，他在講座〈基隆的福州氣味與馬祖的歸鄉之路〉（參見「小島旦」臉書專頁）中提到，現在許多人回顧會說當時是「等待戰爭」，但事實上馬祖早已在戰爭中，「只是沒那麼慘烈。」但本文參考作家們的記述、有別於登陸戰等「熱戰」的性質以及單打雙不打「行禮如儀」的特殊性，仍保留「等待戰爭」的說法。

作上⑤。

由此可知，一九五〇年代的金門和一九七〇年代的馬祖雖然都是「前線」，但對戰爭的預期、感覺是截然兩判的，在金門「隨時準備被打死」、「準備爲國家犧牲」因而戮力寫作，留下雪泥鴻爪；但在馬祖，砲戰已進入「單打雙不打」穩定發揮、行禮如儀的階段。從青年浪漫到中年務實，加上駐外經歷的外交機敏，位高權重的動輒得咎……種種，都讓他開始自我設限，在訪談中坦言：「後來我想一想，有很多不能寫的。」⑥

所以乍看之下，公孫嬿沒有脫離國策，馴順於體制的傾向應是相當明顯的⑦。但再一步深掘，則發現這不盡然是他完全信奉國策，而毋寧是他在一九七〇年代的馬祖，已沒有能量再去經營金門時期的大量作品與「火線抒情」。可是，他又不能公然突破黨國機器在軍中持續輻射的意識形態框架。更有甚者，戰地政務的法令本身便具強烈的壓制性，在仕途上亦不能行差踏錯。所以公孫嬿的馬祖寫作總呈現一種「妥協性」：受時代、身分與戰地體制的重重律令所壓制。

那麼，受壓制後若還想書寫，那會是什麼？公孫嬿作品呈現的是：向「客觀」、籠統的資訊，以及私我的經驗閉合。

我們先來看一段〈懷古亭記〉，算是馬祖時期的公孫嬿少數仍顯著服膺官方意識形態、吶喊著反攻復國云云的作品。究竟他是否真的抱持著文中「消滅共

⑤ 「所以我這個一生寫作最多的時候，也是在前線的時候，以後倒不行了。為什麼……以後人事複雜了，結婚以後更麻煩了，以後派到外國那也麻煩，天天有應酬了，尤其就是在前線的時候，什麼都隔絕，除了砲戰等死，準備為國家犧牲之外，沒有事可做，沒事可做寫東西……」〈專訪作家公孫嬿——查顯琳（七十二年七月二十日）〉，許國樑，〈尋找將軍作家公孫嬿的文學位置〉，頁一一九。此處的「前線」指的應是砲戰頻繁、他創作豐沛的金門，而非馬祖。馬祖時期應歸於其「以後」。

⑥ 出處同上。許國樑也發現公孫嬿在舟山還有小說創作，對馬祖的書寫竟比舟山更少，他認為跟年紀、閱歷都有關，從擔任駐伊朗武官、晉升將軍駐防馬祖後，責任重大，不再輕率為文。

⑦ 我認為這與後續他以「寧之懷」為筆名試圖點評文學江山，眼力卻和文學史的公評相去甚遠，如點名批評白先勇「連宣傳同性戀的『孽子』，還有人吹喇叭給它來個二重奏呢？」點名金庸《射鵰英雄傳》捧毛澤東〈沁園春〉，他還反魯迅、反聶華苓、反於梨華……等，應脫離不了關係。寧之懷是其脫節於一九七〇年代後「失去戰場」的社會所顯現出來的徵候，如許國樑所說，「十多年的武官生涯，使他遠離台灣的文壇與社會，」或是「公孫嬿還是有他時代的局限性，他對女作家關心，卻對女性主義作品缺乏認識。」上述評價應算相當公允。

匪」的夙願？也許吧，畢竟這是他的職務目標；但他是否眞的在一九七〇年代，中華民國外交地位已經山雨欲來時，仍眞心相信夙願可以達成？不無疑問。

這座公孫嬿要偕友人去的「懷古亭」是什麼呢？它位在東莒島，是用來保護「大埔石刻」的建築。大埔石刻由明代政治人物董應舉（一五五七－一六三九）所題，記載了海上名將沈有容（一五五七－一六二七）捉拿倭寇的事蹟。一九五三年國軍發現了大埔石刻，便興建懷古亭以作保護。公孫嬿在〈懷古亭記〉中是這樣記載的：「在黃昏蒞臨時，我約武裝朋友驅車專程去訪懷古亭……吉甫車自東莒的中心——大坪村迤邐南行」（出自《春雨寒舍花》）指揮官果然不一樣，能在黃昏時分款待朋友搭車，專程去發思古幽情。當時的馬祖平民可是得忍受戰地政務一系列管制，比如最基本的宵禁就規範了入夜即管制人員進出，出門必須背誦口令，還須申請宵禁令。

忍耐與寬容如果不能變換敵人的氣質，也許戎裝的我們的作為——以衛國保民、復興中華為職志，總是解決現實問題的最佳方案。不錯，「懷古亭」其實

就是「教戰亭」；明恥教戰——我們不是正孜孜於生聚教訓嗎？而繼往開來，消滅共匪也正是我們身處前線的、全體同志的仔肩。

——公孫嬿，〈懷古亭記〉，《春雨寒舍花》

一九七一年馬祖客貨運車行才開始辦理客運業務，開南竿島（甚至不是公孫嬿懷古憑弔的東莒島）內大衆運輸之先河。在這之前是直接改裝軍用卡車，配置駕駛和車掌售票員，翻越狹小而崎嶇的島嶼，供軍民出行。

缺乏私家車輛自不待言，遑論驅策吉普車。當代馬祖作家謝昭華在《島居》中回憶：「戒嚴時期，島上除了公車，限定牌照數的計程車屈指可數，在路上奔馳的大多是掛著紅牌將級或黃牌校級軍官的吉普座車。」公孫嬿雖然和島嶼居民共同活過戰地政務時代，但物理歲月的重疊，並不意味著生活經驗的相類。如果想從公孫嬿的作品一窺島民大衆或基層官兵的生活，自然是不得其門而入，這便是我所謂的「遮蔽」。

談論遮蔽，當然得說到馬祖的霧。公孫嬿在文學中祭起的擎天大霧，就是充斥著「客觀」的景物現實。這些「可以寫的」、不涉機敏的事物，幾乎占滿公孫嬿的馬祖篇章，包括：嶙峋的島嶼輪廓、拋物線般的島上交通、四處都能看到碧澄澄的海——恕我直言，這些事物誰不知道？可惜的是他言盡於此，這些景物的後面，馬祖人如何戰地生活？我們終究一無所知。散文〈烟雨堡記〉就直接以霧（「烟雨」）爲題，瀰漫全篇，他細細玩味、白描那些霧氣簡直到了走火入魔的地步：

> **我說了許多有關霧的事，在馬祖霧與雨是分不開的，如此我懂得了古人所謂「烟雨」的含義。此間的霧不是「乾霧」，也許因為海島的關係，而是「濕霧」。看起來縹緲若雲若烟，歷久不散會變成細雨霏霏，混合在烟雲中，紛紛下落。**
>
> **——公孫嬿，〈烟雨堡記〉，《公孫嬿自選集》**

我們不妨就用馬祖的霧來理解公孫嬿。確實，馬祖在春夏之交，季風轉變時常常掀起大霧。然而如果在戰地政務時代，便有長期駐島的作家如公孫嬿用他的作品留下了馬祖的紀錄，何以多年後馬祖本地作家劉宏文仍然浩歎：「馬祖有很多故事，只是從來沒有人把它寫出來」⑧？究竟是沒人寫，或者有人寫了，但由於強烈的侷限性，以致於彷彿「從來沒有人把它寫出來」？公孫嬿的霧可窺一斑。

除了山川風物，溫暖人情也「好發」於公孫嬿等作家筆下，他們往往把馬祖之類的島嶼、邊陲，寫成一幅黃髮垂髫、怡然自得的桃花源景象。一九四九年秋，公孫嬿踏上舟山島，明明是陷落在國共兩政權間的征伐地帶，但他留下的卻是「充滿人情味的海島，安靜、和藹，男女老幼都乾乾淨淨的一塵不染。」無獨有偶，這種普遍的、幾無地方特殊性的美化，也出現在台灣省婦女寫作協會的前線報導《金門．馬祖．澎湖》（一九六五）：「在北高地／人性的眞醇使你酩酊」，又或「這裡的人不論軍民、老幼，從早到晚生活在熱烈緊張中，人與人之間沒有仇恨，只有友愛，見面要行禮，打招呼，到處充滿人情的溫暖。」當然事

⑧ 陳泳翰，〈馬祖有很多故事，只是從來沒有人把它寫出來〉，《新活水》網站。

實絕非如此眞醇酩酊、友愛溫暖，馬祖人和其他所有地域的人類一樣，也會因細瑣而翻臉，例如劉宏文就描寫過發放美援救濟品時，鄰居之間互相撕搶、咒罵的「熱鬧」場面。

雖然我們可以非常「同情理解」時代禁忌之下，寫作的題材受到強烈箝制，但這種溫暖人情的描繪，實在難脫「從中央看邊陲」的自我感動與一廂情願：「地方」總是田園牧歌、未受(現代)汙染的。浪漫化、美化當地，固然很「安全」——過去不會被官方刁難，現在不會受地方抨擊——然而也是一種對於眞實的遮蔽。可怕的是，這種症頭不只停留在台灣省婦女寫作協會或公孫嬿一代，直到當代我們仍不時看到外來者這種「異域化」的粉紅濾鏡，在馬祖借屍還魂。

台灣文學研究者陳建忠曾經提出一個有意思的理論，來詮釋冷戰時代的文學生產機制。他認爲國府剛性的「國家文藝體制」和美國以美援施加、軟性的「美援文藝體制」，兩者相當於棍棒與蘿蔔齊下，共同主導了當時的文學，形成現代主義的文學風格，持續向今天台灣文學的美學標準發射影響力。陳建忠指出，表面上看似「和政治沒有關係」的現代主義文學，其實也是權力政治的產物。如果我們借用這個角度看待公孫嬿，則無論是島的自然景觀、島的溫暖人情，都正是一種「去政治」的政治——看似跟政治無關，實則受政治重重遮蔽。作家的「樣板化」來自官方隱隱的紅線，誰敢眞的書寫戰地人民窮苦眞相？誰敢擁有不同於官方的視角？

即使島嶼因軍事目的，而從春風不度的邊疆躍升爲資源挹注的重鎭，開始得到經營（如植林），但一如中華民國政權雖然「保衛」了台灣，也很難說初衷是爲了造福桑梓，反而是爲了秣馬厲兵——前線馬祖的植林任務，優先考量的也是軍事的掩蔽⑨。島民的乘涼或其它後來的優點，也許都只算是「非意圖後果」，

⑨ 可以金門的木麻黃爲例，萬宗綸在〈解放金門的天空？木麻黃下未竟的記憶鬥爭〉中寫到：「……受命協防金門的胡璉認爲金門光禿的地表，不利於軍事掩護，決定讓駐守島上的阿兵哥將金門建立成一座海上森林。」學者宋怡明則指出，農復會視察金門後就提出以造林預防土壤侵蝕，這雖然有利於農業生產，但政權的目的仍是政治性的：要展示給共產大陸看「自由中國」的優越性。

不小心帶來的。如公孫嬿的記述：

居民全靠打漁為主，幾百年來都記載着「地瘠民貧」。自從大陸陷匪，這一列島嶼反成了反攻復國的前哨，二十多年的銳意經營，不僅使馬祖改觀，並且重寫了歷史。如今只要搭船泊在外海，就能看到羅列的島嶼，似乎也換上戎裝，鬱鬱蒼蒼儼然便是蓬萊仙島。那使馬祖整個改變容貌的青葱綠色，是當年駐軍有計畫造林的成果。

——公孫嬿，〈烟雨堡記〉，《公孫嬿自選集》

這樣的「勵精圖治」遂形成前文提及的歷史學者宋怡明所謂的「軍事現代性」：確實，荒蕪的邊陲小島得到了黨國的奶水挹注，得到了「現代性」的發展機會，然而卻是以被推上火線、枕戈待旦、全島基地化作爲代價。也因此，馬祖發出的聲音，在戰地政務時代，很少是它自己的聲音。被描繪的樣貌，也離它眞正的樣貌有段距離。

公孫嬿官拜少將，即使偶有指揮官層級的特殊體驗（如驅車訪古去），但都受限於重重形格勢禁，除了反共愛國，無法多言其它。從馬祖本地人的觀點回望過去，更是沒有自家祖輩的生活情景可供上溯，遑論扞格於官方統治形象的受苦經驗。弔詭處也正在於此：這樣的寫作雖然「寫」了，卻什麼都沒留下。記錄的，亦彷彿是公孫嬿筆下的那片烟雨，籠罩於茫茫戰地政「霧」中，眼不能視，空無一物。

參考資料

＊許國樑，〈尋找將軍作家公孫嬿的文學位置〉。宜蘭：佛光大學中國文學與應用學系碩士在職專班碩士論文，二〇一五年。
＊公孫嬿，《春雨寒舍花》。台北：黎明文化，一九八三年。
＊何欣潔、李易安，《斷裂的海：金門、馬祖，從國共前線到台灣偶然的共同體》。新北：聯經，二〇二二年。

*謝志淵，〈重新解讀「八二三戰役」原因及影響〉，《國防雜誌》三十三卷三期（二〇一八年九月）。
*公孫嬿，《公孫嬿自選集》。台北：黎明文化，一九八一年。
*陳永富，《戰地 36：金馬戒嚴民主運動實錄》。台北：行政院，二〇二〇年。
*謝昭華，《控衛踟躕》，《島居》。台北：聯合文學，二〇一六年。
*王蓉子，〈島外的島：僅以此時獻給馬祖，特別是更近大陸的北高地區〉，台灣省婦女寫作協會主編，《金門．馬祖．澎湖》。台北：台灣省婦女寫作協會，一九六五年。
*楊百元，〈茁壯的馬祖〉，台灣省婦女寫作協會主編，《金門．馬祖．澎湖》。台北：台灣省婦女寫作協會，一九六五年。
*劉宏文，〈馬祖辭典之二十二：救濟〉，馬祖資訊網。
*陳建忠，〈「美新處」（USIS）與臺灣文學史重寫：以美援文藝體制下的臺、港雜誌出版爲考察中心〉及楊翠，〈推薦序：永遠清醒的唐吉訶德〉，《島嶼風聲：冷戰氛圍下的臺灣文學及其外》（新北：南十字星，二〇一八年）。
*萬宗綸，〈解放金門的天空？木麻黃下未竟的記憶鬥爭〉（鳴人堂，二〇一七年七月二十日）。
*宋怡明，《前線島嶼：冷戰下的金門》（台北：國立臺灣大學出版中心，二〇一六年）。

第二節　沒有女人的男人們：舒暢的小兵書寫

一、限婚令與特約茶室

「連長，副連長，兩位說句公道話，我這副模樣，別說好人家的女人，只要是娘兒們，有誰會看中我？除了5號，我又能配得上誰……」

——舒暢，《那年在特約茶室》

這是舒暢的小說《那年在特約茶室》的片段，其中以編號爲稱呼的「5號」正是茶室姑娘，卽軍中性工作者。爲什麼特約茶室會出現在軍中？它出現在舒暢的筆下，又意味著什麼？我們話說從頭，一樣回到「一九四九」後不遠的時空。

據社會學者葉高華的統計，以一九五六年九月爲時點，二戰後移入台灣的外省籍軍民約爲一百零二萬四千名，移入者中，每三百七十五名男性才有一百名女性；同年，台澎金馬的國軍人口總計有六十三萬三千人，其中高達六十三萬一千人爲男性，換言之有數十萬外省籍男性必須尋找台籍女性通婚，形成戰後台灣顯著的「芋仔番薯」現象。甚至，許多外省低階軍士終生難以婚娶①。

爲了「調劑」、「撫慰」軍人性慾，以免「強暴婦女、嫖私娼、自殺與逃兵」的情事發生，最早在一九五一年金門就嘗試設置「營妓制度」。一九五二年一月五日，蔣介石公布《戡亂時期陸海空軍軍人婚姻條例》，卽本文所稱「限婚令」（一九九二年改稱《軍人婚姻條例》，二〇〇五年十二月才公告廢止）。國防部指出國軍過去「以眷累，而遭戰敗之事例甚多」；再者，共匪可能利用「女諜」

滲透，或刺探軍情、或煽惑叛變，所以必須管理。

由此可知，在國軍體制下，婚姻不僅是個人的生命選擇，更是關係到國家安危的「國策」。婚姻、家庭在渴望反攻的國家眼中，不只有風險，還是負累。「限婚令」雖然沒有禁絕軍人的婚姻自由，但是加以諸多限制，例如軍校畢業後分發未滿兩年、年齡未滿二十八歲不得結婚，程序上則相當繁瑣，除了需遞交婚姻報告表，還要依照位階由上級決定。同時，軍人待遇不佳，經濟條件難以結婚生子、養家活口，有部分台灣人（本省人）聽到想迎娶女兒者是軍人便排拒、甚至刁難。這種經濟弱勢被以「省籍衝突」的方式展現，也成為這群「沒有女人的男人們」心上的傷。

① 學者侯如綺也有相關解析，她在〈禁錮與救贖：舒暢《那年在特約茶室》與梅濟民《火燒島風情系列》探析〉中指出，禁婚令雖有陸續放寬，但士兵要到一九六一年、年滿二十八才可成婚，但一九六一年大多數士官兵皆已三、四十歲之譜，早已超出正常結婚年齡（一九七五年台灣初婚年齡中位數為男二十五點八歲、女二十二點三歲，參考內政部二〇二二年公布「結婚年齡中位數及平均數」），故禁婚令有「繼續效應」，其阻礙一大批軍人在適婚年齡成婚，後續欲成婚則愈加困難；此外軍中待遇低，無財力成家也是問題。作家桑品載也曾寫到軍人因經濟能力與省籍身分而不被女方家長允許婚配的故事。

「軍中樂園」曾經短暫作為官方的正式名稱，之後才改稱「特約茶室」。除了因為國民黨婦女工作會質疑「軍中樂園」稱呼會「誤導兒童」，另一個轉變就是為了剔除「軍中」二字，避免和軍方形象牽連太深。「侍應生」一語也是相同邏輯。

一九五四年七月，馬祖守備區指揮部設立軍中樂園，指揮部到台灣招商，雇用八名侍應生。一九五六年八月，馬祖南竿、北竿、白犬（今西莒）皆成立特約茶室。風姿綽約的茶室姑娘，被馬祖人稱為「白面」（pah mĕing），開始進入馬祖各島男女老幼的視野。

和台灣不同的是，一九七四年台灣本島就撤廢了特約茶室，金門則於一九九〇年廢止，一九九二年才輪到馬祖南竿、東引——這也是台澎金馬境內最後的特約茶室。它隨著馬祖解嚴，同步落幕、走入歷史，其存在可以說伴隨著島嶼戰地政務體制共存亡。一九九〇年代台灣已民主化，開始對仍處在戒嚴下的金門、馬祖產生衝擊，特約茶室也逐漸成為爭議。不過如同舒暢在《那年在特約茶室》所寫：「島上沒有電影院、戲院、歌舞廳，以及其他遊樂場所，碰上有勞軍團，那也是蜻蜓點水的來去匆匆。」除了戰地政務的體制，恐怕也得考量到前線島嶼的娛樂難尋，讓茶室撐到最後才被裁撤。

爲了讓跨越海峽的「沒有女人的男人們」不致喪失反攻意志，政府頒布了限婚令；但又爲了讓他們危險的情慾有處可去，在島嶼種下了特約茶室。因此，「特約茶室」可說是一個特殊大歷史條件下，出現的一個特殊小空間，裡頭充滿短暫的、特殊的人際往來，在馬祖這個同樣特殊的地方。

必須注意的是，軍士們被國家束縛的不只有情慾。我們如今除了用窺私、意淫的角度看待茶室，更該看到作爲「消費者」的悲哀：一同被國家剝奪走的，還有婚姻及家庭的可能性。英氣勃勃的青年們轉眼就成爲老頭，口袋還沒幾塊錢，身邊連一個伴都沒有，遑論含飴弄兒孫。那種對親密關係、天倫之樂的嚮往，應是可以想像的人之常情。何況他們大多是一群年輕就離家，失去母親後也沒有妻子來愛的男人們。

當然，此處絕非指作為服務「供給者」的侍應生就沒有自己的悲哀，更詳細可以參考姚惠耀的論文〈戰後臺灣「軍中樂園」研究（1951-1992）〉。這邊僅舉一例，姚惠耀曾在論文中討論，侍應生到底是不是「自願」？他破除「自願或被迫」的「二分法」迷障，指出：雖然特約茶室士兵部能舉出「申請書」作為侍應生「自願」的佐證，或被告的茶室副經理指稱軍方派過管理人員來詢問侍應生是否自願，並呈報「甘願書」、訂立合約書。然而這種種皆是隱蔽了「自願」背後的困境，如經濟條件、債務關係、家人（父女）關係等權力不對等，可謂被「塑造」而成的「自願」。即使不用今日的流行語「被自願」，那份「自願」也絕非毫無掙扎、毫無猶豫的。如《那年在特約茶室》的侍應生中有人是單親媽媽，也有原住民離鄉背井來戰地馬祖工作，如果不是經濟等弱勢所迫，難以想像這些女性願意「赴湯蹈火」，在普遍的汙名化情境下「獻身報國」。這「供給」和「消費」兩者都悲哀，都來到異鄉、被困在異鄉，可謂「相似」的社會處境，也造就了他們的相濡以沫。

一九八〇年代台灣本土意識崛起，對外省族群造成壓力，使他們正視腳下的土地——台灣。同時，解嚴後的衆聲喧嘩，至少有兩起事件，可能觸發了舒暢形成《那年在特約茶室》的省思，即「老兵自救運動」與「救援雛妓大遊行」。前者約發生在一九八六到八八年間，廣泛曝光了這群孤苦無依遷台者的處境；後者則舉辦於一九八七年，主要關心原住民女性從娼問題。這遠（本土意識崛起）、近（社會運動迭興）兩股水脈，促使舒暢在一九八八年先完成原來的短篇小說《嗨，妳幾號？》，其後改寫爲《那年在特約茶室》，並於一九九一年付梓出版②。

評論者楊照就認爲一九九〇年代政治禁忌衝破後帶來記憶解放，人們終於可以「自由回憶」，更打開了「重建」台灣軍中文學的大路。楊照把舒暢和朱西甯《八二三注》（一九七八）對照，認爲與之相較，《那年在特約茶室》更遠離了官方意識形態：

② 而老兵與娼妓兩項議題，竟也在一九九二年關於特約茶室的討論出現了交集。但需注意的是，時任立委的陳水扁是以「慰安婦制度」質詢國防部官員，將已近完全退場的茶室比作慰安婦制度。研究者張宥勝認爲雖然此舉使茶室得到討論，卻也罔顧現實，阻絕了大衆對茶室更深層的認識。

《八二三注》試圖將政策認可的戰爭觀予以人化、複雜化，擺脫宣傳品的平面取向；然而《那》卻明白地宣示：真正人性纏捲的世界，和那些單調沒有生命的戰爭意識是不能相容的。

在這個意義上，《那》打開了重建台灣「軍中文學」的一條大路。

——楊照，〈重訪離亂時代：評舒暢的《那年在特約茶室》〉，《文學的原像》

舒暢《那年在特約茶室》的意義因此浮現了：它是軍中文學，卻已不是那種念茲在茲於戰爭意識的軍中文學，開始呈現偏離了教條的「非典型」。比如小說雖然身在戰地，卻充滿鶯鶯燕燕的活色生香，也質疑一切呆板的價值，從連長信守的耶穌基督，到漫長得毫無意義的「等待戰爭」，這類內容打開了反思的空間，正是舒暢對軍中文學的「拓寬」。軍中文學可以不只僵硬的指向「聖戰」，而是容納了更多曖昧、複雜，軍人和姑娘在砲彈落下的不確定的島嶼相濡以沫，一個「人性纏捲的世界」。

二、「國仇」與「家恨」

舒暢（一九二八—二〇〇七），本名舒揚，湖北漢陽人，「一九四九」隨國民黨軍隊來台，成爲一大群人的縮影：年紀輕，軍階低，生活窘困，苦悶無依。尤其作爲孫立人將軍舊部，舒暢的軍旅生涯的中斷——同時也是寫作生涯之開啟——都和孫立人事件相關③。

舒暢的詩稿中有兩首悼念孫立人將軍的作品：〈等待司馬遷〉及〈緯夫之夢〉，前者創作於二〇〇三年，後者發表於一九九一年。由於孫立人在黨內與戒嚴體制下的身分敏感，這很可能是戒嚴時代舒暢遲遲沒有對外發表、出版詩集的原因。

舒暢退役後身分轉換，加上解嚴後特殊的社會氛圍，促成了《那年在特約茶室》的誕生；同時，他的「小兵」位置也跟公孫嫵處處形格勢禁的指揮官不同。小兵在時代洶湧之際失去靠山，人微言輕，只好謹小慎微以等待良機。但跟大官的笨重相比，小兵敏捷，能快速反應時代，在小說裡遊走在高低軍階、斡旋於弟兄與姑娘之間。當然，《那年在特約茶室》中的主角「副連長」，或者舒暢本人的中尉身分都不算「小」，但這個「小」既是和前述公孫嫵的位高權重比較，也是和作品裡一板一眼的連長比較。

在小說裡，副連長在不同人群間穿針引線，甚至引導著呆板的連長漸漸鬆動，手腕高超。他的世故練達也表現在他是一名「不純情」的敘事者：他不像公孫嫵或連長那樣衣冠楚楚、正襟危坐，哀嘆故鄉陷匪、高呼反攻大陸；反而，他還下海爲我們貢獻了一場精采的床戲：「在黑暗中，我們互相靠嘴唇尋找對方，緊箍作一團，絞纏著四肢，都是企圖吞噬對方……」這種香豔刺激，當然不是軍中文學的常備菜色。

書中寫到茶室姑娘們休閒的時刻，她們會在山坡、小路、沙灘、店鋪各地，花枝招展和尾隨的弟兄逗玩、笑罵。這種紅塵滾滾、風光旖旎，當然更難是戒嚴體制可以接受的「忍不住的春天」，如舒暢有點賊兮兮地以角色的獨白笑稱：「這種戰地的生活情趣，那些中上級長官，是可望不可求，享受不到的。」

可惜的是，過去有些論者還是把《那年在特約茶室》的發生地點不假思索預設在金門。此舉固然顯示台灣在確認自身主體性的過程中，對戰略位置首當其衝

---

③ 礙於篇幅，補充於註腳。一九五五年，孫立人案爆發。陸軍上將孫立人與美國關係密切，從政府遷台後，蔣經國和孫立人之間便因為軍中推行政工制度所導致的爭議一直處於緊張狀態。孫立人主張軍隊國家化，不時向美國友人控訴台灣在兩蔣父子治下沒有自由與民主，蔣經國則痛恨孫立人「挾洋自重」、完全目中無人。一九五五年，追隨孫立人多年的部屬郭廷亮被以叛亂罪拘捕。情治人員替郭廷亮準備一份「自白書」，向郭謊稱如果他願意承認自己是匪諜，則可消除老長官孫立人的嫌疑。但這份自白書最後開啟往後孫立人長達三十三年的軟禁生涯，孫立人部屬有上百人遭到牽連下獄。現今的調查報告指出，孫立人案乃為一件冤案，是兩蔣父子因政治因素而對其整肅。舒暢因受孫立人案牽累，於一九六二年以中尉之階從陸軍總部情報處循「自謀生活」途徑退役。由於屬孫立人麾下，事件後，舒暢比其他軍人處境更差，必須和同袍被迫發配到不同軍區，周遭都是陌生人，忍受孤獨之苦。也有一說是他在鳳山時屬於孫立人部隊，孫案發生後他被調到台北陸軍總部，但內部派系傾軋，舒暢也遭到排擠，憤而提前退役。總之，舒暢的退役與孫立人息息相關，而孫立人正代表著在國民黨內「和而不同」甚至「同床異夢」的位置。

的離島，投注的關心始終過少，因爲小說裡其實有多處線索皆指向馬祖④。不過這也不好全然責怪論者失察，舒暢其實刻意模糊了小說中的空間與時間。雖然有蛛絲馬跡，但始終沒有明言交代；即使是台灣本島，也只以「後方」名之。

不僅地理空間模糊，小說也對歷史時間進行了變造，實際上壓縮了一九六〇至九〇年代約三十年的時空。確實，有可能因爲題材敏感而使作者刻意隱晦，但我認爲不妨讀成一種隱喻：舒暢代表的軍中族群驟然離根，大把青春年華付之一炬，所有事件都在時光裡四處飄零，直到提筆寫作的此時此刻，倏忽老之將至。就此而言，這部小說也是哀悼之作。舒暢刻意模糊了年歲（一九六〇至九〇年代）、曖昧了疆界（金門？馬祖？），用小說搭建了一個憑弔室，釋放給經驗的共通性，召喚所有類似經歷的人們——如今已是白髮蒼蒼的老兵們，人人可以走進來嗚咽一場。

茶室姑娘有不少原住民女性，她們翻越中央山脈、穿渡台灣海峽，千里迢迢到一個全然陌生的海陬小島，用肉身換取溫飽。原住民來到戰地從事性工作，顯示的是戰後台灣族群經濟的不正義，但時值解嚴開放，漢人對原住民族仍普遍存在刻板印象時，舒暢便藉著不同角色呈現對原住民的正面觀感。馬祖作家陳長柏也藉著筆下時常造訪「八三么」的士官長之口表示：「吾少小離家，國仇家恨，有家歸不得！跟這些姑娘的命運是一樣的。」⑤軍人與姑娘雖是「買賣」的肉體關係，但也同是有家歸不得的異鄉人，同樣受制於種種原因而困鎖於島：「大丈夫效命沙場，小女子獻身報國」，他們在馬祖這個砲彈持續落下的天涯海角萍水相逢。

④ 如多次提及「澳口」，此用語廣泛通行於馬祖，即「村落的進出口」，也衍伸為「水邊、山窪可供人居住」。許多馬祖的地名、村落名依然保有澳字，如南竿福澳、北竿后澳、東莒猛澳、西莒田澳。小說中茶室位在「梅花澳」，即今梅石村；座落南竿的特約茶室在梅石村，出身南竿鐵板村的作家、研究者陳春梅即指出梅石舊稱美人澳、亦有梅花澳之稱。小說內文「住在梅花澳左鄰，靠近鐵板澳的山坡上。」梅石隔一個山頭即鐵板，鐵板是真實存在的地名，即行政區劃上的仁愛村；「張老爹一個人正往牛頭澳方向走著。」牛頭澳可能指北竿的牛頭灣或者南竿的牛角村；「『膠捲給我，明天我去山隴洗。』」山隴則更證據確鑿，是今天南竿島最大村落介壽村的原名。

⑤ 雖然小說中這位婚後士官長以有婦之夫身分，甚至退伍後仍以平民身分上八三么，既使妻子痛苦，也違反只有軍人能前往消費的規定，且聽起來這份「垂憐」不脫藉口的成分，但究其所言也並非全是謊話。

小說中處處強調「隔絕」與「等待」，這種狀態幾乎能說是「馬祖特有」的。和金門在短短十年內，便經歷了古寧頭戰役（一九四九）、九三砲戰（一九五四）、八二三炮戰（一九五八）相較，馬祖可說是冷戰的冷極。至今南竿福澳港上仍矗立著的巨大標語：「枕戈待旦」，正可言簡意賅地說明馬祖不同於金門的感覺結構：等待戰爭。

不過，這並不是指馬祖毫無波瀾，實際上馬祖也和金門一樣，在八二三炮戰後籠罩在長達二十年「單打雙不打」（一九五八－一九七九）的陰影之下，解放軍轟過來的雖然是宣傳彈（設計在空中爆炸，飄散出宣傳品），但一樣有殺傷力，一樣會流血、死亡，也一樣給馬祖帶來瘀成創傷的記憶。因此當代馬祖作家劉宏文便會提醒：雖然許多人回顧過去會說是「等待戰爭」，但事實上馬祖早已在戰爭中。

只是對舒暢這樣見識過中國大陸戰場的外省軍人而言，馬祖掉落的砲彈並不足以搖撼那個沉滯在無法歸家的分隔現狀。他仍然困在永恆的此時此地，只能在多年後以百年身，寫書控訴偉人言猶在耳的謊言：事實上時間就是過去了，他被拋棄在無止境的等待之中。敵人沒有來，我們也沒有「反攻」。

> **因為在那段漫長「等待戰爭」的歲月裡，她們（作者按：即特約茶室的姊妹們）不僅是併肩作戰，同時給予我非比尋常的友誼和情愛，以及太多的人生啟示：假如沒有那些的支撐，我們可能早在戰爭沒來之前，已經毀滅於自殺或者瘋狂的情境之中了……**
>
> **假如，你長年累月無盡期地，置身在孤島上或者合歡山的大雪中，每天除了築工修路，就是焦急地盼望戰爭的來臨，而當那些為誰而戰的口號失效後，那種日子你會怎麼想像……正如我前面說的，你不是自殺就是瘋狂。**
>
> **——舒暢，〈另一座教堂（代序）〉，《那年在特約茶室》**

這是《那年在特約茶室》的序文，叫〈另一座教堂〉。等待戰爭的心情，幾乎已經變成「盼望戰爭」。在等待戰爭的壓抑之下，戰爭成了召喚變動的手段。變動可能不計後果、只是爲了打破這個無盡的當下。換句話說，軍事對峙下的軍人，渴望熱戰來解除冷戰。戰後不管偉人們誰輸誰贏，小兵們大概都能回家，因爲兩岸「統一」了——但舒暢顯然並不關心誰統一誰的宏大家國，而是回到「吾亦人子」的懷抱。因爲「隔絕」而被迫「等待」是非常痛苦的，因此他格外感謝茶室姑娘們——不（只）是她們肉身的慰藉，而是友誼和情愛。這是何等眞摰的告白。

晚年的舒暢重拾戰地的特約茶室記憶，可能就是「聖戰」冰消瓦解之後，一處仍可挲摩取暖之地。他在那裡見識了人性中的神性。茶室之於他，是「另一座教堂」。

特約茶室的存在，除了有其時空的特殊性，更重要的是象徵了兩種「刑罰」的結合：既是等待戰爭、不能歸鄉的「無期徒刑」，又要面對限婚令造成的無「妻」徒刑。無期徒刑源於國家政權的分裂，無「妻」徒刑則是家國的律令——「沒有國，哪有家？」國爲優先的意識形態的體現：軍人的身體與情慾要爲國家服務，他們的婚姻與家庭要爲國家的任務讓位。無「妻」當然有青年男子情慾無從宣洩的苦悶，但正如前述，更有情感無處寄託、無法結成家庭的遺憾。無期徒刑的「國仇」和無「妻」徒刑的「家恨」化爲一體。選擇茶室爲主題，很可能就負載了舒暢對「情感」、「家」以及「過去」的渴望。

一方面，愈是無法動搖外在巨大的戰爭、國家，人愈渴望掌握自己能掌握的，比如具體的身體纏綿。另一方面，茶室的存在本身就象徵了僵持狀態；畢竟它正是爲了因應「枕戈待旦」、「等待戰爭」的僵局，所出現的特殊歷史產物。

這可以解釋爲什麼在《那年在特約茶室》（一九九一）和差了快二十年的《外島書》（何致和，二〇〇八）中，特約茶室皆登場，而且也都特別刻劃了其落幕的場景。宏觀而言，特約茶室的體制廢止，具體而微地象徵了一個時代的結束：隔海對峙、軍人限婚，因而需要茶室服務的時代俱往矣；微觀而言，台澎金馬的最後一間特約茶室，正是落幕於馬祖（分別就是舒暢的南竿和下一節要談的何致和的東引）——一九九二年隨戰地政務終止一同應聲閉門。

……我點了另一支菸說：「相信不多久，茶室在軍中成為一個歷史名詞。」

「那是必然，這現象畢竟是病態不是常態。」他停了一下，等茶室的一陣鈴聲過去後說：「只不過不知什麼情況下，才會廢止。」

「很快，不用幾年，軍中的老兵包括你我在內，不死於戰場，也會遭淘汰。繼來的不是職業兵，他們服滿兵役就回到家庭，以及原先的崗位上，他們的希望在社會上不是在營盤裡，也就不會出現那種絕望。」我彈彈菸灰說：「茶室是隨著老兵消失於軍中。」⑥

——舒暢，《那年在特約茶室》

宛如預言，這本書出版後，隔年底馬祖的茶室便宣告關閉，戒嚴亦從此落幕。

《那年在特約茶室》對戰事毫不關心，也不呼喊和平，甚至還暗諷「偉人」、質疑戰爭，這是過去軍中文學難以見到的。小說裡敘事者副連長「我」介紹一幢「綠瓦紅磚牆，隱約可看到飛簷和紅色大圓柱」的高貴建築，19號姑娘說那該是島上的皇宮，「我」說建造此建築的海盜頭子乃明朝皇室後裔。流亡至此，爲懷念故國山河所建，就連方向都是坐東朝西⑦。這段敘述有「流亡」、「懷念故國山河」、「坐東朝西」，幾乎是司馬昭之心了。但舒暢仍不放過：

「懷念故國那只不過是騙騙人的口號，」麻子笑笑說：「不忘他貴族的享受倒是真的。」

---

⑥ 當舒暢於一九八八年完稿原短篇小說〈嗨，妳幾號?〉，並以《那年在特約茶室》進行反省、控訴（一九九一年一月至六月連載於《中央副刊》），台灣已經解嚴。但馬祖具有不同於台灣本島的歷史時間。是時金馬戰地狀態尚未落幕，甚至連一九九二年三月陳水扁委員因轟動國際的慰安婦事件，而對國防部長進行關於軍中樂園的質詢都尚未發生，但舒暢顯然已在書中預見這個特殊狀態，且預言了特殊狀態的特殊產物即將冰消瓦解。不過《那年在特約茶室》連載時，金門的特約茶室已經結束（一九九〇年），這可能又是一個金馬混同的筆法。也可以說舒暢看到台灣解嚴、金門特約茶室的雙雙結束，而鐵口直斷特殊時代、特殊產物（特約茶室）都終將結束。

⑦ 雖然此處描述的「海天樓」應爲虛構地點，馬祖列島中應沒有「綠瓦紅磚牆，隱約可看到飛簷和紅色大圓柱。」「裡面的設置，跟後方觀光酒店差不多。」「當年的確像皇宮的樣子。」的建築。惟貼近峭壁的建築形態，有一點類似西莒的亞亞餐廳（一說觀海樓），但亞亞或觀海樓都沒有明朝皇室後裔流亡至此的說法，因此此處應是全書較少的「金門元素」——馬祖並無此類傳聞，反而比較接近於南明政權流亡（卽魯王朱以海）至鄭成功占據的金門、廈門之歷史。金門甚至流傳有皇室成員喜食地瓜的親民傳聞。因此此處也是舒暢有意虛構了一處揉合金門、馬祖成分的證據。

「不過多數的人，在長期口號的疲憊下，發覺全是虛無縹緲的空中樓閣，在幾十年的獻身中，對『人』所需要的現實面，是一無所獲的幻滅。」

——舒暢，《那年在特約茶室》

戰爭本身的荒謬，也在小說中得到審判。軍隊在島上又轟又挖，除了敵軍砲擊，我軍也要開挖防禦地道，「我」便思考道：會不會有一天島就眞的崩塌了？島上萬人悉數陪葬，但後人事不關己，只需要把罪名安到「戰爭」頭上。然而他質疑：戰爭在哪裡呢？難道不是人類製造的嗎？但戰爭卻無法爲自己辯護，只能黑鍋背到底。

若說前文的引述還只是停留在抨擊宣傳之虛妄、政策的錯誤，則此處已經有「究責」的味道了。都說戰爭是荒謬的，不知所爲何來、卻會眞切死人，那請問戰爭是自己發動的嗎？戰爭難道不是人類發動的嗎？舒暢幾乎只差最後一步——那麼，是誰發動的呢？「這場悲劇沒有原告和被告，也就沒誰來承擔這罪行。」文中的譏刺格外悲涼。沒有「偉人」替戰爭負責。然而因爲體制作惡，從大兵變成老兵、甚至孤獨死去的無妻徒刑，卻是「舒暢們」因爲這場戰爭，而被迫背負的一生。

參考資料

*舒暢，《那年在特約茶室》。台北：九歌，二〇〇八年。
*葉高華，〈從解密檔案重估二戰後移入臺灣的外省籍人數〉，《臺灣史研究》第二十八卷第三期（二〇二一年九月）。
*侯如綺，〈禁錮與救贖：舒暢《那年在特約茶室》與梅濟民《火燒島風情系列》探析〉，《台灣文學研究學報》第二十五期（二〇一七年十月）。
*桑品載，〈阿兵哥討老婆〉，《小孩老人一張面孔》。台北：爾雅出版，二〇一三年。
*姚惠耀，〈戰後臺灣「軍中樂園」研究（1951-1992）〉。台北：國立臺灣師範大學臺灣史研究所碩士論文，二〇一九年。
*張有勝，〈舒暢小說的「寫實性轉向」研究〉。新北：淡江大學中國文學系碩士班文學組碩士論文，二〇二〇年。
*楊照，〈重訪離亂時代：評舒暢的《那年在特約茶室》〉，《文學的原像》。台北：聯合文學，一九九五年。
*徐薇雅，〈舒暢及其小說研究〉。台北：國立臺灣大學臺灣文學研究所碩士論文，二〇一三年。
*林孝庭，《蔣經國的台灣時代：中華民國與冷戰下的台灣》。台北：遠足文化，二〇二一年。
*舒暢，《院中故事》。台北：九歌，二〇〇八年。
*趙彥寧，〈親密關係倫理實作：以戰爭遺緒的男性流亡主體爲研究案例〉，汪宏倫主編，《戰爭與社會：理論、歷史、

主體經驗》。台北：聯經，二〇一四年。

＊丁文玲，〈舒暢紀念文集 詩稿首度曝光〉，《中國時報》，二〇〇八年五月十一日。

＊宋玉雯，〈階級．性．變態：舒暢小說中的分斷情感〉，《女學學誌：婦女與性別研究》第三十三期（二〇一三年十二月）。

＊黃資婷，〈冷戰及其殘餘的心靈地貌：以舒暢《那年在特約茶室》分析馬祖文學中的軍事地景〉，「二〇二二年文化研究年會暨國際學術研討會『戰．世代』」論文。國立臺北教育大學，二〇二二年三月。

＊陳高志，〈馬祖地名「澳」、「沃」區別說〉，攀講馬祖。

＊陳春梅，〈獨留青塚向黃昏：記馬祖軍樂園〉，馬祖資訊網。

＊陳長柏，〈阿蓮娜之殤〉，張姿慧主編，《島嶼時光：金門馬祖旅遊文學》。金門：行政院金馬聯合服務中心，二〇二二年。

＊劉宏文，〈防空洞〉，《鄉音馬祖》。連江：連江縣政府，二〇一六年。

＊劉宏文，〈基隆的福州氣味與馬祖的歸鄉之路〉，「小島日」臉書專頁。

第三節　島際的時差：何致和的「外島書」

一、東引更在重洋外

「東引在哪？」

「在馬祖北邊，是國土最北疆，離台灣約一百海里……沒多遠，大概台北到彰化的距離而已。」

於是，我第一次對自己未來二十一個月將要生活的地方有了初步概念。當兵前

根本沒聽過這個地方，學生時代的國高中地理課本也完全沒提。

——何致和，《外島書》

今天的讀者諸君大概不會問「馬祖在哪？」但有可能和何致和問出同一個問題：「東引在哪？」甚至網路上常常看到有人問：「飛馬祖要帶護照嗎？」（答案是不用）去趟馬祖對於台灣本島人而言，稱得上遠渡重洋，猶如異國，而東引更在重洋外。就像今天的中華民國台灣以台澎金馬為界，意外固定了下來，其實所謂「馬祖」也是異曲同工：以四鄉五島為界，形成了一個編制上的連江縣、亦即我們通稱的「馬祖列島」。然而這星羅棋布的一串島嶼，地理上雖然相近，歷史上卻不如現在關係密切，頗有相「望」於江湖之感（因為部分島嶼彼此之間肉眼看得到）。

東引在「連江縣＝四鄉五島」的編制形成前，隸屬於它正西方的福建省羅源縣，猶如南北竿之於連江縣、東西莒之於長樂縣。這個列島管轄的畫法很可能像殖民者對非洲等殖民地以直尺在地圖上開腸剖肚，因為白犬在列島最南，劃歸為閩江以南的長樂，北竿則劃歸給閩江以北的連江。至於東引，因地圖上與羅源等高，就歸屬羅源。不過，大多數馬祖人皆來自長樂（其次則是連江、福州、福清），包括我出生於白犬島（今西莒）的外公外婆，舊式身分證上的祖籍就寫明是福建省長樂縣。馬祖在還沒有形成今日馬祖的「一九四九」前，海洋是開放的，東引人在鄰近的西洋島、四霜島活動，或者往中國大陸的福州、長樂進行「向岸交通」。今天四鄉五島間航班密集的「島際交通」在過去並不旺盛，更不用說與台灣幾乎沒什麼固定往來了。

今天所稱的「馬祖」並不是列島的正式名稱，編制上列島叫「連江縣」。「馬祖」在編制上其實是一個村，即馬祖村，一般稱「馬港」，在南竿島西岸。對渡台馬兩地的輪船：台馬之星與新台馬輪（舊台馬輪於二〇二三年四月退役，九月送抵孟加拉拆解），在航程安排上皆有「先東後馬」或「先馬後東」的差異，其東指東引，馬則是馬祖南竿。因此對東引人而言，東引是東引，馬祖則往往是南竿。不知能否這樣形容，東引的「他者」可能不是中國、不只台灣，還有——「馬祖」。

東引和「馬祖」並沒有長久、強烈的歷史交集，它在戰地時代就和其它四島分屬不同的防區；再者，馬祖和台灣分別位處海峽兩側，有自然地理卽海峽的隔閡，又有人爲因素卽戰地的封鎖——戰地政務時代，台馬兩地不能自由遷徙、往來。因此，何致和《外島書》的主角對東引的陌生是其來有自、可想而知的。可以說，東引是冷戰時代被「連帶」進馬祖的，一如馬祖是冷戰時代被「連帶」進台灣的。東引之於馬祖、馬祖再之於台灣，東引和台灣隔了兩層，何致和這本《外島書》寫的其實是「外島的外島」①。

此外，解嚴前的台灣縱使有本土意識的呼聲，但台灣地理知識尙未進入義務教育的範疇，「意識形態國家機器」仍牢不可破——一九八九年國立編譯館的《國民中學地理》課本，中華民國地圖仍是完整的秋海棠，其國家想像仍封存在一九一一年的清末疆界；「認識台灣—地理篇」課程遲遲要到一九九四年才於國中實施。然而卽使改革了教材，馬祖依然常被視爲無足輕重的邊陲，更不用說去細談台灣外的馬祖、馬祖裡有個東引了。

今天我們對東引的認知大概是「國之北疆」，《外島書》裡向主角簡介東引的人也是這樣講的。可是這個宣稱很有意思。首先，這個「國」指的到底是哪一國？一九六一年五月十五日的《馬祖日報》就有報導稱：「馬祖，這自由中國的北疆。」自由中國在冷戰時代向來是「我國」的自稱，用來在國際上和「淪陷」的共產中國製造差異，其疆域就是台澎金馬。可說「自由中國」在民主化後的台灣，原地漸漸「脫胎換骨」成「中華民國台灣」。不過事實上直到二〇〇六年，東引的「國之北疆」碑才設置。但二〇〇〇年代不正是「藍綠惡鬥」，兩個政黨所代表的兩種史觀、兩種「國」的意識形態，競爭得最激烈的時代嗎？所以我們也發現，兩種極端的國家想像：統派的「秋海棠中華民國」（北疆是蒙古唐努烏努海）和獨派的「台澎國」（北疆是富貴角或彭佳嶼），國家主張雖然南轅北轍，打得如火如荼，但現實是安安靜靜在東引化作一面碑，昭告天下：國之北疆

---

① 這裡指的是認識上的乖隔：東引—馬祖列島—台灣。在交通上，東引是有直接開往基隆港的航線的。

在這。就如當代「中華民國台灣」這個「國號」展現的折衷性，東引不妨就是一處「折衷的國界」。

一九八七年七月台灣解嚴，但是解嚴令的有效範圍只達台灣和澎湖，並不包括繼續施行戰地政務的金門、馬祖。一九九一年五月，當時的總統李登輝宣告終止《動員戡亂時期臨時條款》，戰地政務實驗失去法源依據，本以爲金馬終於重見天日，但金門、馬祖兩防衛司令部卻逕行發布金馬地區臨時戒嚴令，史稱「金馬二次戒嚴」。

針對這個情況，馬祖人並非毫無反應，他們從台灣解嚴開始就在島內組織，甚至遠赴台灣，一次次發動請願、陳情，要求廢除戰地政務、解除戒嚴。例如一九八九年八月二十三日，適逢八二三砲戰三十一周年，「金馬愛鄉聯盟」成員一百多人在台北街頭舉行「八二三金馬愛鄉大遊行」；一九九一年五月七日，「金馬愛鄉聯盟」赴立法院抗議金馬二度戒嚴，並夜宿立法院群賢樓大門十一天，史稱「五〇七反戒嚴」。

可是海峽兩側確實呈現好一截溫差。一九八〇年代以來，台灣的民主運動已風起雲湧，一九八七年台灣解嚴，進入憲政民主。一九九〇年三月，台灣發生野百合學運，當時的何致和約二十二、二十三歲，無論參與或耳聞，大概很難排除該運動的影響；而因大學延畢所以晚一年當兵的主角也約莫是同年紀。但同一個時間點，海峽的另一邊，包含了「國之北疆」東引的馬祖列島，仍然靜靜躺在軍事統治的時光膠囊裡，還要再過兩年多，到了一九九二年十一月七日，這裡才會終止戰地政務的戒嚴狀態，日益走向和台灣相同的憲政常態②。也就是說，小說裡的大頭兵是帶著台灣自由的身體，走進馬祖仍在冷戰的時區。這個「島際時差」帶來的違和感也貫穿了小說。

何致和登陸馬祖時，已經不是公孫嬿和舒暢經歷過的「單打雙不打」，那個

② 然而解嚴後，馬祖仍進入「金門馬祖東沙南沙地區安全及輔導條例」的「半戒嚴式後軍管時代」，直到一九九八年五月二十九日，上述的金馬安輔條例經立法院三讀後廢止，金門、馬祖才真正回歸民主憲政常態。

隨時有砲彈落下的時代了。一九七九年中美建交後，綿延二十年的砲擊金馬也隨之落幕，直到一九九六年飛彈危機前，馬祖可謂再無戰事。在這個「和平窗口期」來到「戰地」，他看到是一座死氣沉沉的廢墟，文不思政，武不思戰。曾經枕戈待旦、志氣煥發的「前線」，淪爲僵硬地重複著往昔的幽靈。

二、「後冷戰」的「不願役」

介紹何致和之前，我想先提一本白先勇的名著《臺北人》（一九七一）。高中時讀那本書，驚恐得冷汗直流。固然書中處處是沒落貴族的華麗，但令人毛骨悚然的正是華麗底下的蒼涼。他們的身體重複著「一九四九」前在上海的生活，即使名義上成了「台北人」，卻有體無魂。就算唱著歌跳著舞，也彷彿是一群談笑風生的，珍珠白、半透明的記憶。

而這也是我讀《外島書》的感受：這是一群幽靈，擦著古老的槍，操著古老的刺槍術，念念有詞著早就不合時宜也沒人相信的口號與主義。

何致和（一九六七—），台北萬華人，《外島書》（二〇〇八）是他的第三本小說，講述一個抽到「金馬獎」的義務役男，大學畢業後遠赴東引島服役的故事。正如前述，解嚴前夕來到東引的何致和，身上存在多重的乖隔：和台灣中間有地理和心理（認知）的隔閡，時間上又卡在台澎已解嚴但金馬仍戒嚴的夾縫，「自由」的身體落入了猶在軍管體制下的部隊，處處都是扞格。

主角剛到島上，就用手撫摸著坑道。這個坑道可不一般，連牢騷滿腹的主角摸到花崗岩壁上人工挖掘留下的痕跡時都真情流露：「幸好我是在這些坑道完工不知幾年後才來當兵，不必和前人一樣，終日拿著圓鍬十字鎬在暗無天日的地底敲擊堅石如鐵的花崗岩。」坑道這類戰備設施之開鑿，就是馬祖戰地歷史的表徵，一如落在公孫嬿和舒暢眼前的砲彈。我們不妨穿鑿附會一下：那坑道可能就是公孫嬿這樣的指揮官下令、舒暢筆下的角色所挖掘的，而時間下游的何致和及其敍事者得以觸摸，生發感悟③。

「對我們這些因爲一時壞運氣而被判放逐荒島兩年的衰鬼來說……」他就像

任何一個當代的大頭兵，要捱完兩年「不願役」，像囚徒一樣數著日子。敘述的絮絮叨叨、鉅細靡遺，就像退伍男人聚在一起邊抱怨，邊很誠實又弔詭的，印證了記憶的刻骨銘心。但是碎片化的不只是小說的陳述形態，大敘事也跟著灰飛煙滅。前兩節看到公孫嬿呼應國策、舒暢質疑國策，但到了何致和眼中，已經根本不存在什麼國家、國策，連軍隊這一組織存在意義之所繫——即戰爭、敵人都已不存在於他的視域。

在這一百二十分鐘裡，我們忘記了還有敵人……不，應該說在外島前線的這一年來，我根本就沒意識到敵人的存在……我們和共軍雖只隔著不到四十公里的海域，和戰爭卻離得遠遠的，彷彿那只是記載在歷史課本上的事。④

---

③ 事實上，一九六四年台灣省婦女寫作協會成員拜訪東引，便指出東引驚人的坑道，且「戰士」們從彼時就在辛勤構工，手上都是厚厚的繭。

④ 雖然這一節就叫「戰爭來了」，但其實只是虛晃一招，對岸疑似有驅逐艦開過來，引發部隊一陣備戰驚慌，但最後抵達反高潮，連長終於接到戰情室的電話，而後命令「部隊解散，十分鐘後寢室熄燈。」

——何致和，《外島書》

莒光日的一幕讓人印象深刻。有一天在中山室，主角和陌生的學長們要討論的題目是「反台獨，唾棄分裂主張，堅持以三民主義統一中國」，但所有人都意興闌珊，本來班長想推給主角，但想想又決定自己先「示範」。他只用了五分鐘就寫好一大篇洋洋灑灑的討論紀錄，並且活靈活現產出至少七個分身（是佛地魔的分靈體嗎）。被「塞進」敘事者嘴裡的發言相當慷慨激昂：「以三民主義統一中國是很重要的，因為我們都知道共產主義比三民主義差勁，而且只要統一中國後，就不會有人搞台獨了。」

雖然這件事看起來很平凡、很「國軍」，但仔細想想，這種輕描淡寫甚至是比舒暢還要尖刻的揭露。他不反對，也不嘲笑了，只是很百無聊賴地展現給讀者看這件事的日常，他讓我們覺得如果還要憤怒地指責、批判，根本是大驚小怪。這種默默就被「風行草偃」、不帶情緒就「潤物無聲」地接受，所有人對這些荒腔走板見怪不怪，甚至逆來順受，還發展出一套嫻熟的手法應對，才是軍中文化最可怕的地方。

軍隊裡再製的意識形態仍然非常「古典」：要統一中國、反對台獨，但作者卻氣定神閒地諷刺這套體制的死而不僵、道貌岸然。歷史早就結束了，只有「軍中」這個場域還在生產不顧現實的意識形態。如果說公孫嬿（表面上）鬥志高昂，懷抱黨國敘事；到了舒暢，雖然他質疑戰爭和口號，但至少還有對象可以質疑，他筆下的軍中也還有姑娘與軍人間的眞情繾綣、袍澤弟兄的有情有義。

但何致和寫的，已經是非常接近當代認知的「國軍」形象了⑤，「伙房不像輔導長有一堆秘密，飯菜也不像《政戰工作日誌》那樣必須天天造假，」就像那句話：「當兵什麼都是假的，只有退伍是眞的。」

---

⑤ 研究者高穎超將義務役男的做兵形容爲「退化儀式」：「役男爲了生存融入軍隊後，招致各方面的轉型：從身體均衡整合轉型成偏頗發展、作息正常轉型熬夜加班、安適協調轉型爲痛苦病體，科技尖端者變成落伍、創意熱情變成因循怠惰、誠實負責變成虛僞苟且。」特別是變成因循怠惰、虛僞苟且，這在整本《外島書》中幾乎是主線劇情。

沿著脈絡讀下來，可以看到中華民國國軍從冷戰宣傳口徑中的發憤圖強，到失去目標，對反攻復國已經無能爲力，徒留虛妄口號。何致和戳破假面，指出兩軍都知道彼此不會眞的打來了。二〇二二年八月有則新聞關於金門駐軍：「二膽島哨兵『擲石塊』驅離陸無人機」，其實國軍早在何致和的描寫裡，就已經丟過石頭了。

事情是這樣的：小說中有個菜鳥開槍驅離，卻意外打死兩名中國漁民，指揮官只好親自上船，到海上賠給漁民二十萬擺平，避免引來中國漁船圍島的危機。此後遂變得投鼠忌器，只能下令各據點準備石頭，若對岸鐵殼漁船太靠近，就扔石頭趕走。據說石頭的效果比子彈好，因爲中國漁民都知道島上駐軍不敢眞的射擊漁船。

這種萬事休矣的態度貫穿全書，所有角色苟且偸生，讓這支理應堅守前線、「枕戈待旦」的勁旅，瀰漫了一股不知作戰爲何、不知爲何而戰的迷茫。回到歷史來看，早在一九七九年中美建交、台美斷交（同時也是對金馬的砲擊徹底結束），中華民國的統治正當性便地動山搖。今夕何夕、所戰爲何？何者是敵、何者又是我？國家方針的混亂，顯然沉積成日後主角薄弱的從軍動機。提及島嶼生活天天看著海洋時，他說：

> **不過，儘管海洋每天每夜對我們展現其千姿百媚的色彩，卻不足以讓我們改變對它的恨意，不會因而忘記誰是把我們困在這座島上的仇敵，就像猶太人絕對不會歌頌集中營的鐵絲網圍籬。**
>
> **——何致和，《外島書》**

「誰是把我們困在這座島上的仇敵」？沒錯，海洋困住了他，但是誰用海洋困他的呢？是國軍「應然的仇敵」共軍或中共政權嗎？然而全書幾乎無一語批判共軍，卻滿溢對國軍內部文化的怨憎、牢騷與不可思議。如果一支軍隊失去了敵人，那麼就難謂「不合理的訓練叫磨練」，因此也就徹底喪失了受苦的理由，而這正是全書的精神狀態。至此，已經不是舒暢式的多情繾綣、欲說還休，是幾近刨根究底、劍指一切的合理性了。

即使沒有戰爭，也總該訓練，爲戰事作準備吧？沒有，他們大部分時間都在構工，也就是造橋鋪路。除了主角向許多學長、「師傅」臨摹應付上級的奇技淫巧，其它大量出現的場面就是沒完沒了的構工，比如道路拓寬工程。主角心想：「對那些才剛下船分發至部隊，到連上背包一放下就被抓來工地做工的新兵來說，他們一定覺得自己不是來當兵保家衛國，而是被送來北邊這個偏遠小島勞改。」

更尖銳的不止於此。我們知道，公孫嬿的戰地有死人，舒暢的戰地也有死人，那麼何致和呢？「承平歲月」，海峽無戰事，應該沒問題吧？不，死的人更多。主角想起在金六結時有同梯中暑死掉，離開金六結的凌晨有衛兵開槍自殺，來到東引後又有新兵跳海自殺——雖然被官方「闢謠」爲失足落海。僅他入伍三個月，周遭就發生了三起死亡事件。

「其實這種事誰也不想見到，」連長說，「但部隊每年都會死人，當兵嘛，每天跟槍砲子彈為伍，想不出事也難。你知道嗎？去年國軍總共死了三百多快

四百人，平均一天一個，總數快等於一個營的兵力。」⑥

——何致和，《外島書》

「和平」時期卻有這麼多人死在軍營裡，這難道不是對軍隊最尖銳的反諷？至此，我們可以看到《外島書》對軍中文學「承上啟下」的潛力。前面我們說過它上承「軍中」，卻描寫出過去難以著墨的國軍的僵化、憊懶與殘酷。這樣的「揭露」也可說是文學的寓言與預言：二〇〇八年《外島書》出版，二〇一三年洪仲丘事件爆發，正是社會對國軍文化的清算。被震耳欲聾的教條壓抑了幾十年的軍中不合理對待，再也不能輕易被「國家大義」合理化。

---

⑥ 或許可以參考二〇一三年ETtoday新聞雲的報導〈國防部：國軍近13年死2088人，332人自殺、5人作戰亡〉：「國防部表示，二〇〇〇年到二〇一二年間，軍人因「作戰、因公、疾病、營外意外、自殺」等因素死亡的官兵高達兩千零八十八人，其中「因公死亡」居冠，高達七百五十五人（36%）；七百五十人「營外意外」死亡（35.8%）；「自殺死亡」三百三十二人（16%）；「疾病死亡」兩百四十六人（12%）；只有五人「作戰死亡」（0.2%）。非戰時的部隊每年平均死亡超過一百七十人。

爲誰而戰？爲何而戰？何致和在前線東引記錄了一段「這個國家」與「這支國軍」的存在性迷惘。「國之北疆」的意義或許又預示了下一段「軍中文學」的樣貌：從「折衷的國界」、「折衷的國號」重新整合、團結並發展出「中華民國台灣」對抗依然抱持敵意的共產中國。洪仲丘事件至今已然十年，這十年內國際情勢又風雲變幻，兵役制度也幾度更迭。新一代的軍中文學如何表述馬祖，又蘊含什麼新的意義？也值得我們持續關切。

參考資料

＊何致和，《外島書》。台北：寶瓶，二〇〇八年。
＊王文隆，〈臺灣中學地理教科書的祖國想像（1949-1999）〉，《國史館學術集刊》第十七期（二〇〇八年九月）。
＊陳永富，《金馬36：金馬戒嚴民主運動實錄》。金門：行政部金馬聯合服務中心，二〇二〇年。

＊劉名峰，〈在「中華民國—台灣」之符號交織下的金門認同〉，《台灣社會研究季刊》第一二〇期（二〇二一年十二月）。

＊〈連江縣志　政事志　第三章　廢除戰地政務〉，馬祖資訊網。

＊〈金馬解嚴 25 週年：823 大遊行、507 反戒嚴影像與史料回顧〉，馬祖資訊網。

＊王明書，〈勝利就在明天〉，臺灣省婦女寫作協會主編，《金門．馬祖．澎湖》。台北：臺灣省婦女寫作協會，一九六五年。

＊高穎超，〈做兵、儀式、男人類：台灣義務役男服役過程之陽剛氣質研究（2000-2006）〉。台北：國立臺灣大學社會學研究所碩士論文，二〇〇六年。

第三章　中繼島嶼：流動的懷鄉文學

馬祖地理上在中國大陸和台灣兩地之間，
在文學裡也成為經驗的中繼，記憶的蟲洞。

第一節　馬祖的卓別林：張拓蕪的大兵手記

一、從詩人沈甸到「代馬輸卒」張拓蕪

過去談論懷鄉文學時，常停留在一九五〇年代教條化的「反共懷鄉」，故鄉的意義也顯得較靜態、單一。在本章中，我嘗試延伸這個文學類別，檢視作家如何回顧從原鄉來到台灣的生命歷程，並以此照見懷鄉的流動性。所以本章的「中繼」有兩層意義，其一是作家書寫自己的生平或（外省）族裔的來歷，馬祖也出

現在這道追憶、懷鄉的時間線上。把時間拉長後，我們看見「鄉」的意義變化：它並不是靜態的，反而有動詞的漸變，流亡到台灣的外省作家年深日久，他鄉變新故鄉；再者，「鄉」是複數的，「鄉」時常互相對照，而馬祖在其中扮演觸發、承接——「中繼」的角色。

其二是作家個人的生命史或社會身分，經由馬祖的歷練、對馬祖的思考而發生了轉變。在本章中我們將看到，以馬祖爲魔幻舞台，三位作家的華麗轉身。張拓蕪從文字煉金的詩人沈甸變成口語體散文家，桑品載從娃娃兵變成總編輯，龍應台則利用馬祖等島嶼書寫，從怒點野火的評論家變成了心有所愛、不忍歷史頹敗的述史者。

三位作家相同的是，在作品裡退回到離開故鄉的原點。故鄉可以是廣義的中國大陸，也可以是他們的小島小村小縣城。然而「故鄉」的弔詭在於，人往往只有離開故鄉、到了異鄉，所謂的「故鄉」才會在心裡浮現，它是事後追認的。也因此，故鄉始終是時間性，而非空間性：一旦離開了故鄉、「發現」了故鄉，就再也不可能回去。時間之流持續前進，拔足再涉，終究已非前流。意識到故鄉和失去故鄉，往往同步發生。對來台的外省人而言，更悲劇的在於連故鄉的地理實體都回不去。

張拓蕪在被以膾炙人口的散文家，也就是《代馬輸卒手記》的作者認識前，其實曾是一位詩人。他的詩和散文風格截然不同，這是他「馬祖前」的詩：

在時間的鋒上自刎　繁華逝去
我們祇看見戰船在教科書上着火
百萬人的血液變不了顏色
海倫的艷屍沉落千㖊

——沈甸，〈海〉，《五月狩》

這是他「馬祖後」的散文：

世界上男人當過兵的不在少數，但我敢說，當過卒子的人卻少得很。而我卻是

當過兵又當過卒子的少數中的少數。

——張拓蕪，〈開宗明義〉，《代馬輸卒手記》

作品曾經這麼晦澀的詩人，經過馬祖的洗滌後開始放飛自我，用大白話寫出《代馬輸卒手記》。所謂「代馬輸卒」就是在部隊裡代替馬匹載物輜重作運輸，最小咖的小卒。而且不怕你知道、也不怕你看扁，他在書的第一篇就以篇名「開宗明義」告訴你。此後《代馬輸卒手記》狂銷，「代馬輸卒」變成那時代的大IP，陸續出了五本系列作。就像前文所示，張拓蕪在文章裡窮盡自我貶低、自我調侃之能事，甚至把戰地馬祖變成歡樂飲酒島，在坑道裡細數哪款酒更美味。

張拓蕪（一九二八—二〇一八），本名張時雄，安徽涇縣人。一九四四年加入國軍，一九四八年和老友從中國大陸「開小差」，也就是軍人私自脫離所屬部隊，來到台灣。一九六〇年至一九六四年，兩度到馬祖服役。一九六二年，他在位於馬祖南竿牛角嶺（今復興村）、剛成立三年的馬祖廣播電台擔任編撰官，寫廣播稿。馬祖電台的宗旨是向中國大陸心戰，定時對福州地區廣播，以宣揚國策；對內也提供給戰地馬祖的駐軍收聽。因爲當時只有各機關和學校單位備有收音機，百姓不得擁有，所以廣播是軍人的娛樂，並不是居民的日常①。

在馬祖擔任編撰官的同年，張拓蕪以沈甸爲名，發行第一本作品：詩集《五月狩》，這也是他創作歷程中唯一一部詩集。詩人沈甸的語言精緻，意象綿密②，這和後來他以「代馬輸卒」大紅大紫的明朗語言、黑色幽默有天壤之別。文風變化的原因可能有好幾重，例如退役卻遭逢突如其來的疾病襲擊，使他「身殘」，除了接受親友接濟，也必須開始大量供稿以賺取稿費，新詩的文字煉金就不經濟了；其次，身體的「畸形化」以至「奇觀化」，提供了一個他能在「代馬輸卒」

---

① 廣播時間原爲六小時，在張拓蕪擔任編撰官的時期延長爲十小時。除了每個時段以國歌開頭，有領袖嘉言、愛國歌曲外，也會播放西洋歌曲、台語歌曲和爵士樂。

② 其實詩人沈甸「現代主義」的寫作風格，在其他軍籍作家筆下亦可略見一二。如舒暢前期小說也著重現代主義，除了當時時興的文學潮流使然，和個人以及社會環境遭遇的困境也密不可分：一介流蕩來台的外省軍人，後又發配邊疆／前線，時間上是被迫無盡的「等待」，身處部隊、又受制於荒島，儼然地理與心理的雙重「隔絕」。

中「發揮」的形象，即一個「低到塵埃裡」的姿態，自嘲、自我挖苦，呼應了退役大兵無鄉可歸又要自謀出路的苦楚；最後，文風從晦澀的詩到口語化的散文，其關鍵很可能就是在馬祖擔任編撰官的經歷，如他在《左殘閒話》中自述：「廣播是時間的文學，要開門見山，要一針見血，絕對不可迂而且迴……廣播的首要之務便是口語化，教人一聽就懂。」

一九七三年三月，張拓蕪從上尉官階退役，但同年中風，左半身失去行動能力。在友人鼓勵下，一九七五年開始在退輔會支持的刊物《中華文藝》③連載軍旅故事，一九七六年集結成冊，出版《代馬輸卒手記》，風靡文壇與書市。事物的爆紅，大致有其時代條件的撐持，文學也不例外。一九七〇年代正是大量隨政府來台的外省軍人紛紛退役的時代，他們從軍中解編，成爲「尋常百姓」。「代馬輸卒」系列的風靡，源於張拓蕪「苦澀的幽默」戳中了社會的軟肋。他以第一人稱「我」揭露軍隊實況、大兵糗態，和過去嚴肅剛正、偉大光榮的軍人樣貌不同。他不說神話，改說實話——當然在戒嚴下還是很有限制的，他不能罵體制，只能笑自己。於是讀者看著他不斷自我貶低，演出「我就爛」的小丑戲碼，對一個反攻神話早已出現裂痕、長久的返鄉期盼終究落空、大家心照卻不敢宣的社會，毋寧是笑著笑著眼角就濕了。

張拓蕪作品所映照的時代變化，研究者楊富閔便以「從反共懷鄉到回歸現實」名之。他認爲《代馬輸卒手記》的書寫本身間接地指出：反共神話早已內爆、質變，小兵在書寫中叛逃了家國，與此前的軍中書寫的教條化傾向已經出現不小的差異。

一九七〇年代對台灣而言是重要的轉折期，奠定了台灣文學根基的鄉土文學論戰就發生在此。不過大多時候，談論得比較多的是台灣本省作家和台灣在地題

③ 爲了促進退除役官兵融入社會，《中華文藝》的撰稿者多是軍中與退役作家，所以這份刊物不只占據著文學史的、同時也占據著外省軍人來台史承先啟後的位置。從一九五〇年代的軍中／反共／戰鬥文藝，到一九七〇年代容納退役作家發表作品之場域；一九八〇年代中期《中華文藝》停刊後，眷村文學、老兵文學漸次浮出地表，乃至解嚴前後探親文學的來勢洶洶，能看到《中華文藝》占據的歷史過渡、階段性位置。

材的「復甦」。那麼，同一個時代的外省作家作何反應？像張拓蕪這樣社會身分從軍人到老百姓的外省作家，和時代的關聯又是什麼？

首先我們要來回顧一下一九七〇年代，這個被社會學者蕭阿勤定義為「回歸現實」的年代。一九七〇年代從一開始就很不平靜：一九七〇年美國歸還釣魚台給日本，「保釣運動」因應而生，並激發一波戰後世代對既有政治體制和文化傳統的挑戰；一九七一年，中華人民共和國取代了中華民國在聯合國的「中國」代表席位，中華民國宣布退出聯合國，引發雪崩式斷交潮；一九七八年底台美斷交、一九七九年中美建交，因此貫穿整個一九七〇年代的社會氛圍，真的可謂「風雨飄搖」。

但也正是中華民國的風雨飄搖，漸漸促使台灣島上的住民認識到：啊，原來我們不是中國啊？或者說，這一宣稱開始可以被懷疑了[4]。像漫畫《獵人》裡，被哥哥伊耳謎植入奇犽腦袋以控制他心智的念針，終於一點一點被拔出來。

而且並不是只有本省或外省籍青年單方面的懷疑，是兩方對時代的反應高度一致：共同參與對當局的批判，也產生所謂「回歸現實」的轉變⑤。本省籍作家「回歸現實」，將目光聚焦於養育自己的鄉土，帶來一波鄉土文學運動；外省作家也沒有自外於時代，他們同樣「回歸現實」，或者開始思索自己身處台灣的處境，或者回顧前塵，開始執筆寫起傳記式散文，描繪從家鄉流亡至此的故事。

④ 依據社會學者蕭阿勤的看法，一九七〇年代「回歸鄉土」的精神，和中國民族意識是不相違背的，台灣可以作爲中國底下的地域被關切。直到一九七九年美麗島事件以降，才逐漸確立以台灣主體看待台灣文學的想法。

⑤ 一九七〇年代籠罩著的，除了外省第一代親身經歷的流亡、漂泊心態，還有外省第二代因爲接收、承繼了上一代口耳相傳及國民黨國族敍事教育後，造成無根和失落感的「擬流亡」或「擬漂泊」心態；至於本省戰後世代也難自外於國族教育的輻射，他們也跟著「代位」感嘆黍離麥秀之悲，被稱爲「半擬流亡」或「半擬漂泊」心態。

二、像「島群」一樣活著

《代馬輸卒手記》文如其名，描述一個國軍裡最基層的小兵「代馬輸卒」，跟著部隊渾渾噩噩東奔西跑，但分水嶺大約可以說是他和同袍「開小差」跨越海峽的移動：爲了躲避戰事，張拓蕪和老友計畫找片安樂土，於是半摸半騙，成功硬闖上華聯輪，一路上搭霸王車、乘霸王船、吃霸王飯，不花半文錢，沒想到眞的一路被他倆橫越了台灣海峽。

這一路流亡的破碎經驗，被張拓蕪的寫作縫綴在一起，讓我聯想起馬祖的命運。馬祖本身也是從一串本不具有必然關係的島嶼，被政治力量牽引、劃界，並命名。因此我稱張拓蕪的寫作是一種「群島」寫作，每一則手記體短文都是一個孤立的島，有時候各篇之間有連接，有時又重開新局，似連非連，似斷非斷。例如上一篇〈千里迢迢開小差〉剛剛幸運抵台，下一篇〈最後一次開小差〉從八里想故技重施開小差到淡水，但往後幾篇又回到南京和上海時期，時間並不「線性」連貫，文學形式的破碎也反映著流亡軍旅在經驗上的破碎。

所以光讀各篇開頭，並不能保證它要講述的主題究竟是軍中生活，還是旅途經驗？地點是在中國大陸或者在台灣？是不小心懷起了鄉，或者是在寫「異鄉」台灣——但是等等，這個「異鄉」就不可能「日久成故鄉」嗎？答案顯然是有可能的。這也是談論「懷鄉」時具有張力的地方，外省作家們固然有他們念念不忘的中國大陸山川風月、物產豐隆，可是住著住著，他們對台灣也會漸漸生出感情。誰說人一輩子故鄉只能有一個呢？

我對住了一年的京都，都能因日復一日的步行、呼吸、飲食等具體地滲入身體記憶，而自稱灌注了某種「京都性」（遑論擁有文化和血緣臍帶的馬祖南竿）。

感受到生活的質地流入我這具記憶和經驗的容器，每一個住過的地方都或多或少在我身上施加了力，把我捏塑成現在的樣子。我是這些地方的複合產物。此時張拓蕪已來到台灣二十幾年，若說張拓蕪這樣的外省大兵因年深日久，而成了事實上的半個台灣人，誰云不宜？

對張拓蕪而言，將台灣事物融入筆下是自然而然的。台灣也確實常作爲他講述故鄉時，用以解釋或者比較的對象。可能也因爲「代馬輸卒」系列最初是連載在刊物上，讓張拓蕪有意識地對著讀者「講解」，而擁有類似性質的台灣事物，自然成了方便舉例、溝通說明的橋樑。例如他用台北西門町來比擬蘇州的觀前街。爲了講解故鄉製作皮油的桕樹，他也添了一筆在台北林口高地見過形似的樹，只是不敢肯定是不是。談及魚米之鄉江南，就提到他有十八畝水田的家，遠在官莊村，而這個官莊村就像台灣的嘉南平原，是著名的產米區。

固然張拓蕪懷念著中國故鄉，但台灣的一切也淪肌浹髓，沁入骨子裡，成爲了他的一部分。這樣的穿插，很像他寫自己同時收看《錦繡河山》和《芬芳寶島》

兩個電視節目——對故土的思念與對新地的好奇並不衝突，甚至成爲彼此的腳注，以供觸類旁通。不過在一片笑鬧中，偶爾的低迴更發人深省：他寫他看見「每年」春節台北街頭熱鬧的舞龍，雖然是在黜臭（thuh-tshàu，即吐槽）此地的龍氣派和大小明顯不如故鄉，但細想，他每看一年就意味著又在異域過了一年，又回不去追想的故鄉一年。此地雖然未必和故鄉涇縣平起平坐，但也半推半就、無可奈何地熟悉，以致能寫其景色，識其掌故了。

研究者陳靜就指出，「手記體」散文相當適合用來表達貼近自我的濃厚情感，所以張拓蕪興之所致的漫談，既有可能是爲了方便連載，用短小活潑的小故事取悅讀者，也讓中國大陸和台灣兩地之間的經驗碎片，成爲相映成趣、參差對照的材料。其中，就包含了僅僅是他軍旅生涯一站的馬祖：

很多人都知道馬祖生產一種細小的丁香魚，用辣椒炒來佐飯很開胃口，我們涇縣也產這種魚，體積還要小些，名叫琴魚。

——張拓蕪，〈佐茶的魚〉，《代馬輸卒手記》

馬祖地理上在中國大陸和台灣兩地之間，在文學裡也成爲經驗的中繼，記憶的蟲洞，作者經由它的擺渡穿梭在兩岸。馬祖自從被迫成爲「自由中國」的前線，大量兵士駐防，官方刻意宣傳，馬祖某種程度變成自由中國境內的「常識」（當然是很表面的），讓張拓蕪可以用來穿針引線其故鄉經驗。不僅如此，張拓蕪更「還原」了馬祖的成色：

五十一年，調到馬祖服役，那算是叫化子進了黃金庫，公賣局出產的我們都不瞄一眼，除了馬祖本地的雲台、老酒、高粱和大麯。馬祖的大麯酒真醇，但高粱就比不上金門；雲台酒更差，喝了教人頭痛，尾巴且有苦味。最好的是老酒，放了糖和老薑燙了來喝，醇厚中帶點兒微酸，妙品也……在馬祖一年半多，一事無成，但陸陸續續存了好幾打酒。

——張拓蕪，〈閒中三題〉，《代馬輸卒外記》

這豈是戰地前線？簡直是佳釀夢土。搭飛機準備降落馬祖前，會看到馬祖確實就是幾塊立於碧海萬頃上的土黃色大石頭。如果不是被政權盤據，當成軍事工具，它不會成爲重要的駐紮地、消耗了無數人青春的海上堡壘。張拓蕪駐馬祖的期間，仍處在單打雙不打（一九五八—一九七九）的威脅下，但他沒寫什麼戰雲密布，外頭的砲彈於他似乎不過是大醉酩酊的背景。雖然只有驚鴻一瞥，但他仍寫到了躲在坑道內「備戰」（並配酒），這也是馬祖冷戰「等待戰爭」的身體經驗之一：

坑道裏潮濕，整日裏上面滴滴答答，下面水流成溪，被子一天不晒，那就會長層白毛。酒能驅寒驅濕，感謝這位為戰地造酒的先知，夏天驅濕，冬天驅寒，仗的全是它。

——張拓蕪，《閒中三題》，《代馬輸卒外記》

即使是現在的馬祖，由據點改裝成的展場空間，例如前身是南竿「01據點」勝利堡的馬祖戰地文化博物館，仍要全天候開著除濕機。如果是霧季，則連除濕機也不夠用。因此張拓蕪描寫坑道內經年潮濕、黏膩的身體經驗，是深刻而寫實的。同時他又豪言：「我們曾在金門高粱、馬祖大麯的烈酒缸裡游過泳的」，若和他拚酒，「躺在腳邊的絕不會是我！」儼然一個玩世不恭、漫不經心，無視戰爭泰山崩於前的形象。可是，在夏濕冬寒的戰地坑道，他又能如何？酒精或許是逃避，但也是驅趕現實苦悶的利器，尤其困在坑道、小島、戰爭、失鄉這一重重地理、社會、空間的絕境，無法再以他最擅長的開小差溜之大吉。

張拓蕪之珍貴處也在此，他沒有大書特書戰地的悲壯，沒有學舌八股的口號。馬祖對他而言不為毋忘在莒，只為好酒貪杯。覆蓋馬祖全境、由上而下的黨國敘事被張拓蕪直白的自我揭露給撕開了，馬祖從言必光復河山的軍事要地，還原出其素顏的原色：一顆普通的大礁岩。讓他顯得醒目的，正是如此「做小伏低」的發話位置。黨國致力於打造雄壯威武、反攻必成的軍人形象，他卻偏偏不成氣候，大唱反調。這個寫作姿態既鬆動了在此之前的黨國神話、軍人神話，也是回歸現實，將「此時此地」（現在的、「屬於台灣」的馬祖）帶回文學。

作家張系國在替張拓蕪寫序時，就指出張拓蕪以其榮民、退役軍人身分，召喚「想當年」的原鄉風土與戰爭記憶，已經和鄉土文學訴求的美學標準相當合致。張拓蕪以一介因中原板蕩而走南闖北的小人物視角，勾勒在近代中國的流亡，不僅毫不脫逸現實，反而緊扣現實。換言之，張拓蕪不讓本省作家專美於前，他低到塵埃裡的大實話，他所體現的「神話不再」，就是外省大兵版的「回歸現實」。

他躲在一個丑角、一個羸弱身體的形象之下自嘲，諷刺現況，形成安全的屏護。像卓別林（Charles Chaplin），裝痴賣傻，但一舉一動又劍指時代的虛矯。巧合的是，張拓蕪確實曾在《代馬輸卒餘記》中向卓別林致意：「好多年不曾看到差利．卓別林的電影了，我喜歡看他的默片。他演那些可憐巴巴的小人物，令人拍案叫絕，也令人低迴不已……我最喜歡看卓別林演窩窩囊囊，衣服老是穿不好的那種小兵。」簡直自況。且他在同本書中，提及卓別林不只一次：「我說：班長這樣子很像卓別林演無聲電影。他聽我說卓別林，就覺得我頗不平凡，下了操，他說：『你居然知道卓別林，不簡單！』以後便對我另眼相看了。」

這樣的形象不也和馬祖若合符節：一個海陬小島，即使意外地側身「自由中國」、位列「台澎金馬」，依然敬陪末座，只是穿上了戎裝、被貼上反共堡壘的標籤，才得到不符比例的關注。像卓別林太寬大的西裝褲和皮鞋，總有強迫成熟的感覺。

張拓蕪的生命、身體都在文學裡化成了馬祖，虛張聲勢，其實色厲內荏——或者，更是化成了群島？張拓蕪提及一九六二年時他在馬祖服役，得知過去的老班長錢雲霓輾轉流落在基隆某看守所的消息，但到一九六三年他回林口光華電台，才有機會接到錢班長的來信，錢班長已發配至東引，回台休假，路費卻遭人扒竊，只好碰碰運氣寄限時信給張拓蕪這個老部下。張拓蕪問他：

「你怎麼到東引去的？我在南竿的馬祖廣播電臺幹過三年多，早知道你在東引，我們早重逢了，不會等到今天。」

……「對啊，東引的黃龍酒比馬祖雲臺、高粱都好呢。」

——張拓蕪，〈錢班長行誼〉，《代馬輸卒外記》

前文已解釋過馬祖是由各個隸屬不同行政區的島嶼整併而來，原先各島嶼最常航船來往的是自己的大陸原鄉，但一九五〇年後，兩岸航路徹底斷絕⑥，原鄉交通轉爲島際往來。然而，與台灣島不同的是，馬祖是座「島群」。至今如果想要走遍四鄉五島，仍須謹愼安排島際交通的船班時間，遑論戰地政務之下，各島往來更加不易；通訊不普及又備受軍事統治限制，卽使「我們都在馬祖」，但「馬祖」並不是同一個連續的陸地畛域，而是星羅棋布、各自分散的島嶼，因此確實很可能動如參商，並不互相知情。

這種支離破碎的空間分布帶來支離破碎的社會關係、情感連結，亦可見張拓蕪和下一節將介紹的桑品載的情誼。一九六四年，張拓蕪被調回台灣的匪情研究單位，這時他才和桑品載坐對桌，成爲同事⑦：

⑥ 劉枝蓮根據口述史，認爲馬祖與原鄉「兩岸」的斷絕不是在一九四九，而是一九五〇年。

⑦ 兩人一九六三年都在「馬祖」，可是一人在南竿（張拓蕪），兩人在東引（錢雲霓、桑品載），那可是六十公里，如今也要兩小時半船程的距離，可謂天南地北。兩人（張拓蕪與桑品載）要雙雙調回台北才碰面、認識。

得知他（作者按：即桑品載）也在東引待過，我問他認不認識一位叫錢雲霓的，他大叫一聲：

「你說是老錢？呵，他是個了不起的老士官，能力很強，人很怪，我很尊敬這位老大哥，雖然我叫他老錢。」

——張拓蕪，《錢班長行誼》，《代馬輸卒外記》

他們聊起來時，錢班長已經死於肝硬化，燒成一堆灰燼。前面我們提過「手記體」，研究張拓蕪的作家楊富閔指出，張拓蕪的自傳寫作往往呈現跳動的節奏，他認爲這反映了張拓蕪流亡的心理狀態與生命經驗。張拓蕪的離散故事，並不利於一個結構完整的敘事生成。而這種破碎的敘事、閱讀感，不也相當於他在馬祖時，和老長官與新朋友咫尺天涯的「群島」感受？

若說每一則經驗碎片都像從人生海洋浮凸上來的孤島，那麼從《中華文藝》分期出刊、而後編輯成「代馬輸卒」系列的出版過程，就是替孤島們完成了「連連看」的手續：指物連綴，賦予意義。這個過程跟文學如出一轍——我們回顧過去，用敘事連點成線，試圖兌換出一點點發人深省的意義。《代馬輪卒手記》的張拓蕪如此，東引、南北竿、東西莒被連成馬祖／連江縣如此，「台澎金馬」也是如此。

站在今天的角度，我們可能想當然耳地認爲「鄉」就是中國大陸，那個被拋在身後，有母親慈祥的眼神的漁村、水田或高粱地。但是如果閱讀張拓蕪的《代馬輪卒手記》，我們會發現篇章之間很難截然切割：這篇是靜靜的故鄉無誤，但那篇涉及台灣實景了所以並不「懷鄉」……？《代馬輪卒手記》的佈局也能讀出相關訊息，全書分成上卷和下卷，上卷老兵話舊、下卷細說故鄉，但是話舊和故鄉怎麼可能切開？因此我主張把「懷鄉」看成流動的歷程，其中就包含非常重要的「一九四九」的流亡經驗。而且外省作家顯然相當「熱衷」於重述這個「從大陸到海島」的過程，我猜想，也許因爲那就是個人、乃至整個家族史的分水嶺，也是往後人生思鄉創傷的源頭。

將故事化爲言詮是一種療癒，每被這「懷鄉動力」驅策著實踐一次追想一次前半生的顛沛流離，思鄉創傷似乎就能夠減輕一點；心理上和故鄉的距離，也因敘事的召喚而似乎得以往前挪動一寸。雖然張拓蕪的思鄉情緒，總是被包裹在一片歡鬧的笑聲裡，但愈是這樣，愈能感受到他孤獨的苦澀。

參考資料

＊沈甸，《五月狩》。香港：五月出版社，一九六二年。
＊張拓蕪，《代馬輸卒手記》。台北：爾雅，一九七六年。
＊林金炎，〈馬祖廣播電台的回憶〉，馬祖資訊網。
＊〈馬祖廣播電台成立〉，國家文化記憶庫。
＊張拓蕪，《左殘閒話》。台北：洪範，一九八三年。
＊楊富閔，〈場域．文體．文學史：「文壇老新人」張拓蕪及其「代馬輸卒」書寫研究〉。台北：國立臺灣大學台灣文學研究所碩士論文，二〇一四年。
＊蕭阿勤，《重構台灣：當代民族主義的文化政治》。台北：聯經出版，二〇一二年。

*蕭阿勤，〈世代認同與歷史敘事：台灣一九七〇年代「回歸現實」世代的形成〉，《台灣社會學》第九期（二〇〇五年六月）。

*陳靜，〈括弧中的回聲：論 1990 年代臺灣小說中的獨白書寫〉。台北：國立臺灣大學台灣文學研究所碩士論文，二〇一九年。

*劉枝蓮，〈二十天的風暴：紀實七十四軍來馬祖〉，江柏煒主編，《馬祖：戰爭與和平島嶼國際學術研討會論文集》。連江：連江縣政府，二〇一八年。

第二節　陸地拋棄你，島嶼收容你：桑品載的回憶錄

一、從娃娃兵到總編輯

前一節張拓蕪的記憶穿梭於中國大陸、台灣（有時還有馬祖），是個人戎馬流浪的故事，卻以卑微的姿態、自嘲的語調，舉重若輕地瓦解了當時仍望之儼然的國族神話。那麼這一節的桑品載能讓我們看到他的寫作動機已從個人轉向外省族群，為他的同類打抱不平而動筆。他展現了「鄉」很可能不只兩個、不只「雙

元」（中國大陸或台灣），而是流動的、多數的。

張拓蕪的生命經驗被文學連綴，形成浮凸出海洋、貌似島群的形狀；那麼，來自島嶼的桑品載在海洋中四處駐防，作品大量展現對海親和、對船舶深情，似乎可以給我們一種更基進（radical）的想像，即是解除掉故鄉的「陸地性」（無論中國大陸或者台灣），反而海洋承載著船舶、船舶承載著他的漂流，會不會也有令人眷戀、嚮往的，「鄉」的可能呢①？

桑品載出版於二〇一三年的《小孩老人一張面孔》，封面是一個小男孩，戴著軍盔，望向鏡頭，露出燦笑。這不是兒童變裝派對、也不是改編電視劇的劇照，

① 依序整理一下，大致可以發現桑品載三段藕斷絲連的海洋經驗：反共救國軍的東犬經驗、長江艇的澎湖經驗與《東湧日報》的東引經驗。三段其實都屬反共救國軍。駐東引時多在碉堡裡辦報，但前兩段則船與島交織，隨船南征北討，連金門都曾踏足，他曾在《岸與岸》中寫過：「基地在馬公，到高雄裝了貨航至金門料羅灣卸貨，然後再回馬公……是時，對岸對金馬正實施『單打雙不打』，但因每趟航程都在二十四小時以上，所以要控制在雙日進出金門，根本不可能。」

這是歷史本人。那一年他十二歲，隻身來到台灣。一海之隔，成爲了孤兒。

一九五〇年，國軍從舟山島撤退，桑品載（一九三八—）跟著部隊上船。抵達台灣時，帶領他的連長已不見人影。他一個人在陌生的大海此岸挨餓，在陌生的基隆流浪三個多月，終於經好心人協助而納入編制，成爲「娃娃兵」。從此他吃軍餉，受部隊栽培，跟著部隊生活、移動。一九五九年，桑品載政工幹校畢業，分派到「反共救國軍」，駐紮於馬祖東犬島（今東莒）。一九六二年，桑品載調到東引指揮部，擔任軍方報紙《東湧日報》總編輯，開啟往後向各報副刊及雜誌投稿的寫作生涯②。從一介幼兒兵，到成爲台灣多家重要報刊的主編，馬祖的經歷也是桑品載的轉捩點。

內戰末期，中國大陸領土喪失殆盡，爲應對共軍擅長的山區游擊，部分殘存勢力採取海上游擊策略，桑品載進入的「反共救國軍」，前身正是一九四九年後在中國東南沿海幾股反共的游擊武裝勢力逐步改編而來。比如其中一支前身「東海部隊」（又稱海保部隊）就在一九四九年六月成立於閩江口的川石島，福州陷落後轉移到北竿，再駐白犬（今西莒），和冷戰時期美國中情局化身的西方公司會合，執行游擊與情報任務③。

這裡的編制沿革有點複雜④，也不是本文重點，我們只需知道「反共救國軍」在海峽裡四處輾轉、漂泊不定：他們曾以金門、馬祖白犬島爲基地，後來移駐澎湖西嶼整訓，在馬祖東引、馬祖東犬和烏坵各島守備。最後這支「陸軍反共救國軍」指揮部設於東引，所以雖然名義上東西引是由馬祖防衛指揮部（簡稱馬防部）

---

② 後續任記者，乃至步步高升成爲《徵信新聞報》（一九六八年改名爲《中國時報》）「人間副刊」主編，並以「司陽」爲筆名撰寫文化性專欄；一九七〇年應邀籌報《自由日報》（即今《自由時報》），職務爲副總編輯，主管藝文、副刊兩版，此後也陸續任職《環球日報》、《台灣時報》與《民衆日報》。

③ 不過有一說正是西方公司進駐，使其所在地白犬島青蕃村（今青帆村）熱鬧一時，得到「小香港」美名。

④ 一九五一年，游擊部隊番號改編爲「某某反共救國軍」，分別以金門、馬祖白犬島爲基地；一九五四年裁撤原有番號，兵員納入國軍體系，此後反共救國軍第一與第二總隊分梯移駐澎湖西嶼漁翁島整訓，再輪調東引、東犬、烏坵各島守備。一九六〇年，兩支總隊合編爲「陸軍反共救國軍」，指揮部設於東引。

統一調度，但實際上由於反共救國指揮部（簡稱救指部）的存在，東引在運作上是個獨立的轄區。東引的「獨立性」，我們在談何致和時已經稍微聊過，但這裡更可以從軍事政治指揮體系的不同，看出東引和「馬祖」（其它島嶼）的區隔。

如果你腦中有一幅以台灣海峽爲中心的地圖，應該可以發現包括「反共救國軍」及前述的冷戰軍人作家們在內所進行的移動，開玩笑地說，可以畫成一幅海峽上的召喚陣；嚴肅一點說，每一道軌跡，都是居無定所的生命，隨時準備要爲國捐軀。

桑品載就身在其中。他跟著部隊從陸到海、自島而島，形成一種輾轉於前線與後方、堪稱破碎，以致個人年表難以建構，但我更寧願稱爲「群島」的感覺與經驗。例如前一年才剛駐東犬，翌年他就前往澎湖馬公報到，並在舊作短篇小說集《流浪漢》（一九六八）裡留下了澎湖的砂和狂風⑤。一九六二年，曾待過東犬的桑品載雖說又調「回」馬祖，但其實是調「去」一個陌生的島嶼東引——東犬和東引雖然都有東字，但在狹長的馬祖列島裡其實是天南和地北的存在——擔任《東湧日報》總編輯。

《東湧日報》⑥（一九五七—二〇一七）和至今仍在馬祖發行的《馬祖日報》（一九五七—）⑦一樣，在言論控制的戰地政務時代，都屬於軍報體系，是軍方

---

⑤ 例如桑品載的小說〈喜宴〉裡，年近四十歲的「老兵」同袍卻娶了「那種女人」，令敘事者感到不可置信，亟欲勸阻。這個和他一同流亡來台的「老兵」卻提醒他，另一個想娶「鄉下女人」、「土包子女人」的同袍下場殷鑑不遠，對方向同袍要求三萬塊，弄得他焦頭爛額。這除了隱晦地控訴當時對軍人的限婚令，還有軍人薪給有限，加上省籍矛盾，本省女兒的家庭刻意開出高價，要窮外省軍人知難而退。多年後（二〇〇一年），桑品載在自傳式散文〈窮〉裡把故事的原形坦率地再說一次：「民國四十年後的十多年，政府在推行隱性的『窮兵政策』。」

⑥ 《東湧日報》也可追溯到一九四九至一九五七年的海上游擊時期，反共救國軍「海保部隊」在進行游擊作戰時，就發行小型油印刊物，後隨反共救國軍駐東引，刊物也在一九五七年改以蠟紙鋼板手刻油印《神鷹報》（也有一說名爲《神鷹日報》，本文採《神鷹報》乃是考量最初的物質條件，逐日發行「日報」恐怕難度較大），一九六〇年更名爲《東湧日報》，直到二〇一七年才停止發行。

⑦ 馬祖日報前身名爲《登步報》，爲紀念舟山群島中的「登步島大捷」（一九四九年十一月）而誕生，一旬出刊一張，一九五五年更名爲《馬祖日報》，一九五七年設備升級後，初具今日有不同版面的鉛印雛形，乃定一九五七年爲創刊年。《東湧日報》則根據二〇二〇年東引地區指揮部（前身是陸軍反共救國指揮部）六十週年隊慶時認定的一九五七年十月十日創刊起算。

的政令宣傳工具，但兩報分屬不同防區：南北竿和東西莒屬馬祖防區，東引則是反共救國指揮部的東引防區。正如前文所說，雖然東引和其它島嶼皆爲「馬祖」連江縣，但不只地理上孤懸海外，體制也並不相同。馬祖內部看似「統一」，其實原先各自散落，而後才漸漸統合。

桑品載從一九六二年開始在「碉堡裡辦報紙」（這是其文章篇名），他既是總編輯，也是唯一的記者。第二版「全島新聞」皆出自他的筆下，雖然內容不外乎政令宣傳、好人好事，而且兩個版加起來不超過一千字，但因爲是日報，需要日日出版。廣播編撰官張拓蕪被大量的廣播稿磨出大兵手記體，桑品載則從日復一日的操作裡，漸漸熟悉報紙的寫作與編輯製作。他曾在文集《岸與岸》（爾雅，二〇〇二）中回憶：如果有人肯承認《東湧日報》是份報紙，那麼這兩年就是他日後進入新聞界的起步，讓他後來得以在全台報社服務三十幾年。

在他日後的經歷中，有一個和台灣文學密切相關。一九六七年他接任《徵信新聞報》，也就是後來成爲台灣作家搖籃與文青嚮往聖地的《中國時報》「人間副刊」主編。除了他自己在副刊寫專欄，也有許多作家在桑品載主編時期得到版面。值得注意的是，桑品載雖然是外省身分、前軍籍作家，但是握有編輯權力時也不吝「肯定」或「提拔」本省籍作家。桑品載曾自述，七等生〈瘋婦〉、李喬〈孟婆湯〉、楊青矗〈工廠人〉系列、黃春明〈蘋果的滋味〉等作品都在「人間副刊」刊出，甚至由於採用作品難以忽視的「台灣意識」，使他遭國安會、調查局調查，七度進出警總；他既採用朱西甯、司馬中原以中國大陸爲背景的小說，也刊載時年高二的李昂〈花季〉、〈禮物〉，以及葉石濤《葫蘆巷春夢》中的許多作品，李喬那幾年的作品也幾乎寄給他。

雖然這些本省籍作家不乏比桑品載年長，甚至成名更早者，竟然需要外省籍編輯的「肯定」，固然反映了戰後文壇省籍的權力不均，但這裡我更想強調的是編輯桑品載雖然身爲外省族裔、具有軍方背景，但他仍「看見」本省籍作家，甚至給予李昂這樣的本省青年寫作者以版面與機會。

高信疆接任他的主編位置後，桑品載仍在時報文學獎擔任評審，持續對文壇發揮影響力。因此可以說，東引是他的蝴蝶效應：《東湧日報》編輯實務的翅膀鼓動，名爲未來的風暴就隨之成形，開啟了他的媒體生涯，甚至涉足藝文界，影響了台灣文學。

桑品載從早年的純文藝小說，逐漸加深對現實的介入。一九九五年後，「因深感國脈動盪」，開始以自由投稿身分爲數家報紙撰寫政治專欄。他的部落格「桑品載 Smoking & Watching」針砭時事，最新投書停在二〇一九年，筆力仍有壯年遒勁之風。

二、「嶼」生俱來的身世

《岸與岸》的序言，桑品載形容是〈從歷史的噩夢中醒來〉：

> 民國四十八年，從軍校畢業，分到反共救國軍……離開後回顧那段生活，當眼前映現那一張張古拙而滄桑的臉龐時，我會心悸得直想哭。他們無意要寫這種歷史，卻被一隻無形的手推著在設定的軌道中前進；他們獻出了青春和生命，獲得的竟是嘲弄，甚至咒罵。
>
> 我不敢自許為代言人；只是為那群被亂刀砍殺的時代孤兒覺得不甘。
>
> ——桑品載，〈從歷史的噩夢中醒來（代自序）〉，《岸與岸》

隨著台灣、金馬陸續解嚴，台灣本土化的聲浪日益澎湃，金馬處境的曖昧也成爲問題。一九九三年，台灣推動重新入聯，民進黨籍立委呂秀蓮在美國演講時提出讓金馬住民自決；一九九四年，時任民進黨主席的施明德提出金馬撤軍論，引發議論，被視爲以民進黨爲首的本土勢力所提出「金馬割棄論」之濫觴，很大程度造成金馬人對民進黨國家想像的不信任。另一個旁證是二〇〇九年民進黨才在金門開設黨部，再隔十年，才在馬祖開設連江縣黨部。即使到了二〇一三年，獨派評論者仍在提醒民進黨必須正式提出金馬經營論述：

> **民進黨對於金門與馬祖，多年下來除了看已經過時的「金馬撤軍論」外，並未根據金馬的特殊地位提過完整的經營論述。不僅如此，對於長期流傳的「金馬放棄論」，民進黨也沒有正式的聲明或文獻來駁斥。**
>
> **——廖千瑤，〈民進黨應正式提出金馬經營論述〉（想想論壇）**

因此在台灣首度政黨輪替、本土政權登台的隔年（二〇〇一），桑品載的《岸與岸》集結出版，便有鮮明的時代意義。早在一九九〇年代，國、民兩黨及其背後象徵的中華民國與台灣本土兩股史觀就已展開纏鬥，當時對本土政黨的攻擊如「福佬沙文主義」⑧，以及後續浮現的「去中國化」議題，都成爲「藍綠惡鬥」的相罵本。執政黨的改換，不僅讓「中華民國」搖搖欲墜，坐實了「台灣」將要取代「中華民國」的恐懼，「民國─外省」的記憶也在老兵心中岌岌可危。

多年後在《小孩老人一張面孔》（二〇一三），桑品載依然感嘆：「故事發生在臺灣，不知有誰愛聽？」時代更迭劇烈，他害怕台灣早就沒有人要聽他這群外省老兵的故事了。如果說張拓蕪下筆時更多是想著他個人的「現實」，那麼桑品載則是爲了將他所從屬的老兵族群的聲音給救濟回來而寫。

這也可以解釋爲何桑品載比張拓蕪更「嚴肅」、更斂容正色：桑品載對飯飽

⑧ 檢視聯合資料庫，「福佬沙文」一語最早在一九九〇年出現報端，往後一九九〇年代共有二十二則新聞與投書，二〇〇〇年代有三十八則，是爲高峰，二〇一〇年代僅剩十三則。

並栽培他的國軍，雖也不乏揭露，但更多的是感恩與孺慕。更有甚者，一九七〇年代的張拓蕪面對的是威權體制的強勢敘事，嘻笑怒罵是他的策略和武器；而二〇〇一年的桑品載面對的則是本土意識興起，老兵族裔開始凋零，卻遭到嘲弄、咒罵的心有不甘，所以要落筆爲史，鐫刻下回憶錄，以替他的族群聲張。

不過，桑品載是軍籍、又是外省人，好像必然和國民黨、威權時代中華民國的官方敘事步調一致？倒也未必。在書裡頭，他的回憶雖然始於家鄉舟山，卻並未像許多外省作家的路徑收束在台灣，反而「擴散」到海上。於是綜觀全書，竟然呈現一種有別於陸地本位的認同，充滿了海洋、島嶼與船舶。在〈蒼鷹〉裡，桑品載「上艇」登陸東引來到海上大隊；〈烙著號碼的女人〉描寫東犬的軍中樂園；〈一艘船的生與死〉主角長江艇長期駐紮澎湖，最後鑿船自沉時，桑品載已調派東引；〈窮〉講他在澎湖西嶼和東犬的軍中同袍，因爲「窮兵政策」，同袍爲了娶妻而捉襟見肘，甚至走上絕路；〈一隻叫馬林的狗〉是護船犬；〈廢園遺夢〉他在澎湖西嶼的牛心灣、二崁和大果葉，文中介紹了這支編制上明明屬於陸軍，卻不怎麼踏過台灣土地的「反共救國軍」：

其餘從中將指揮官到二等兵沒一個籍貫欄上寫著「台灣」……五個大隊裡就教我們這個海上大隊由於船離不開碼頭的關係，才知道台灣是什麼面貌，不過也只是基隆、高雄、澎湖，其餘四個陸上大隊，大部分在東引，一部分在馬祖的東犬島，一部分在烏坵。

——桑品載，〈廢園遺夢〉，《岸與岸》

雖然兵員中沒有台灣籍不是什麼稀罕的事，但如果考量到他們「四海爲家、群島爲家」，捍衛著台灣島（上的政權），自己卻鮮少履足台灣，我們可以察覺出戰後台灣的複雜性：雖然拱衛的必然首先是中華民國蔣氏政權，但連帶著對台灣土地的屏障也是存在的；其次，軍人們來自中國大陸，卻隨船在海洋移動，保障一個他們並不來自、並不屬於的土地。

此外，桑品載還特別提及他曾遇到的另一種難堪，來自自己「舟山人」身分——舟山是島，不是大陸，因此他吶喊「反攻大陸」時被「大陸人」同袍指責「只能說『反攻海島』」，讓他自覺連「反攻大陸」都被排擠在外。但這不就說明他的身世也是「嶼」生俱來，同樣不屬於大陸而親近於島嶼，他的寫作裡呈現和馬祖及水上人生之相知相惜，都變得有跡可循。

我的難堪是來自「大陸」二字，因為我是舟山人，大家上了地理課後都知道舟山是海島，那就不是「大陸」，所以當我也說「反攻大陸」時，總有那麼幾個人，他們當然是名正言順的「大陸人」，就指責我沒資格說「反攻大陸」，只能說「反攻海島」。

——桑品載，〈一九五〇——臺灣有群娃娃兵〉，《小孩老人一張面孔》

這並非是我的臆測，我們可以看看桑品載和海洋如何生死以之、患難與共。前文已提過，馬祖在冷戰下，關鍵詞是「等待戰爭」。不過，除了落在島嶼的宣傳彈，海峽裡也有局部的衝突發生，桑品載就曾經身處小規模的「熱戰」核心，留下眞槍實彈的接戰經驗。當時他形容自己的心情是「嚮往一次戰爭」——這和舒暢是相似的，都因對峙而「等待」、甚至「期待」戰爭的矛盾。畢竟等待是「負值」，會將現實的光和熱全都吸入名爲等待的凹陷處。話雖如此，桑品載也承認，

「眞的有仗好打了，卻又沒出息的害怕起來」。他們搭上船，投入了大海，上岸後竟然完全暴露在敵軍的燈照下，喇叭裡傳來喊話：

> **「蔣軍兄弟們，你們的行動已經被我們掌握了，你們一個也跑不掉的，放下武器投降吧，人民解放軍不會虧待你們的！」……已經有人中彈，死亡的慘叫聲響起。**
>
> **——桑品載，〈嚮往一次戰爭〉，《岸與岸》**

三十七人去，只有七人回來，桑品載是其中之一。天亮時分，太陽將海水照得酡紅一片，東引作爲歷劫歸來的堡壘，遠遠地出現在視野裡。俗稱「水鴨子」的合字號是載著桑品載回程保命的船隻，而宛如宿命一般，這也是最初他分發部隊，載他到東犬時讓他暈吐不止的船。

這種海洋差點成爲人生的終點、和船隻形成生命共同體的經驗不只一次，桑品載甚至用文章〈一艘船的生與死〉（《岸與岸》）記載了澎湖「長江艇」的生與死。長江艇隨中日戰爭派駐在中國的情報機構「西方公司」而來⑨，從日本人打到共產黨，可謂身經百戰。連一九五五年大陳島撤退時，蔣經國也是搭乘它離開。可是約在一九六四、六五年間，長江艇因消息洩漏，在一次執行任務中被中共砲艇包圍，最後艇隊長下令鑿船自沉，艇上十人無一生還。接獲此消息時，桑品載已從澎湖「高升」至東引，只能淚流滿面。

在〈一隻叫馬林的狗〉（《岸與岸》）中，對另一艘澎湖的「歐眞一號艇」而言，最驚險的不是砲火無情，而是不測風雲。某次完成運補後到了馬公，艇長向指揮官報告颱風消息，當時他們收聽的是對岸的電台，台灣方面尚未公布相關的天氣訊息，因此報告竟然不被指揮官採信，於是三位艇長一起向指揮官爭執，激怒了指揮官，使指揮官拍桌大罵：「你們死也要給我死在台灣海峽！」這讓我不禁思考起這個可能：對張拓蕪和桑品載而言，所謂流亡會不會就是這樣一件事：陸地拋棄了你，但島嶼收容了你。或者，在這裡的情境更是海洋收容了你，即使收容的是你的屍骨。但，所謂埋骨處不就是永恆的歸宿？外省第二代作家朱天心不是就說沒有親人埋骨處不是故鄉？

指揮官口不擇言的「命令」，也讓我想起馬祖人類似的說法。馬祖人既非中國籍，也不被台灣本土認同，於是有人曾說「乾脆跳進海峽。」二〇〇七年時任總統陳水扁對嗆聲民眾回擊以：「嫌台灣不好，中國那麼好，太平洋又沒加蓋，覺得中國好就游過去！」引發筆者舅舅的憤怒。他認爲「我們馬祖人」不是大陸人、也不被當台灣人，能游去哪？乾脆跳進海峽。雖然充滿無奈，但如果視故鄉爲葬身、埋骨之地，這樣的說法似乎也潛藏著「海峽認同」的可能性。

這種「自我放逐」於島嶼、海峽、海洋的「認同」，被各種不認同而擠壓出來的認同，是不是和來自舟山島、沒得反攻「大陸」的桑品載異曲同工？我想桑品載也會同意，對海洋人而言，台灣其實也是一片陸地，忘了自己是被大海包圍的島。《老人小孩一張面孔》內收錄作家潘弘輝的〈桑品載的海〉，裡面就有一

⑼ 但不確定這個桑品載所說的中日戰爭期間、根據地在上海的美國情報機構，和一九五一開始進駐白犬（今西莒）的西方公司是否同一，或有何關係。

句：「我懷念屬於我們的海」。雖然書名是《岸與岸》，文章卻更常透露著「兩岸不靠」，繫於海洋的情感分外強烈。

桑品載在新世紀初「心有不甘」而記錄半生漂泊，在追憶前塵中，他的「一九四九」（實際發生在一九五〇年）——隨國軍撤退而離開故鄉舟山，固然是故事啟動的原點，但更大的篇幅卻留給了後續在海峽中輾轉駐防的日子。因爲時代的更迭，他除了替自己，更渴望替遭到遺忘、遭到嘲笑的外省老兵們回顧。而他的回顧裡，又讓我們得以拓寬對「鄉」的解讀：跟隨船隻、海洋的生命史，或許也附著了他念念不忘的鄉愁？結合他來自島鄉、「嶼」生俱來的身世，他並不固著於哪個「岸」，反而指向了一種漂移、流動，如同洋流與季風一般的系統。

參考資料

* 桑品載，《岸與岸》。台北：爾雅，二〇〇一年。
* 桑品載，《小孩老人一張面孔》。台北：爾雅，二〇一三年。
* 〈東海部隊的游擊足跡〉，文化馬祖。
* 〈「反共救國軍」史略／旅台鄉親曹瑞芳提供〉，《馬祖日報》，二〇一一年八月九日。
* 〈陸軍反共救國軍〉，國家文化記憶庫。
* 楊富閔，〈桑品載及其《勇士們》：國軍文藝金像獎報導文學類得獎作品〉，《文訊》第三五三期（二〇一五年三月）。
* 桑品載，《流浪漢》。台北：立志出版社，一九七〇年；初版一九六八年。
* 〈金馬地區服役「防區識別符號」回顧〉，馬祖資訊網。
* 廖千瑤，〈民進黨應正式提出金馬經營論述〉，想想論壇。
* 徐履冰，〈新潮流、新連線，展開省籍問題大論辯〉，《聯合報》二版，一九九〇年七月二十一日。

第三節　民國代言人：龍應台的一九四九敘事

一、從批評家到述史者

龍應台書寫馬祖可以追溯到二〇〇五年。二〇〇五年十月，時任中國國民黨主席馬英九首次以黨主席身分，向白色恐怖受難者表達歉意。馬英九表示雖然白色恐怖時期他只是小孩，但如今身爲主席，就要承受過去國民黨的責任。同年十一月，龍應台即投書中國《中國青年報》，刊載長文〈一個主席的三鞠躬〉，稱「沒有民主，不會有馬英九的鞠躬。」

這篇文章裡，她提及一名叫王志鵬的不識字漁民。王志鵬在船上說了一句「今天氣候很好，風向、潮流也不錯，開到大陸很近。」便在軍事統治下遭判爲「叛亂犯」。這個故事先由馬祖人劉家國書寫①，大概被龍應台讀到，複製貼上到了自己的文章裡。故事中關於馬祖流動不居、邊界難明的「海洋版」白色恐怖已經浮現了輪廓，這是截然不同於台灣本島「陸地版」的白色恐怖經驗。可惜的是龍應台意不在此，沒有要繼續深掘馬祖的陳年往事，而是在文章裡以此案件和其他二二八、白色恐怖受難者並列，爲她鋪設通往「推崇台灣民主」這個結論的康莊大道。

龍應台（一九五二—）生於高雄市，籍貫湖南衡山。一九八三年龍應台由美

① 劉家國，〈叫「政治犯」太沈重！〉，馬祖資訊網。

返台，任教於國立中央大學。一九八四年，她寫《孽子》等作品的文學評論，也在《中國時報》「人間副刊」發表社會評論〈中國人，你爲什麼不生氣〉，抨擊台灣都市法治欠缺、衛生不佳、環境敗壞，引發迴響，後開設專欄「野火集」。龍應台在一九八六年接受《天下雜誌》訪問時曾說，「野」取其不受拘束、「火」取其熱烈，她希望她的批評不受傳統與規範約束，能放火燒天下。但對於龍應台的批評也如影隨形，如：感性掛帥，問題只停留在個人而不及體制，似乎只需要訴諸個人憤怒就能迎刃而解；簡化問題，她的文章經常陷入二元對立的是非題中。近年更有論者直言其縱橫近四十年的「美文」寫法，使她根本不須論證就抵達結論。

她寫「王志鵬案」的模式，已經可以見到後來讓她再度爆紅的《大江大海一九四九》的雛形：大量案例堆砌，最後通過昇華，抵達一個抽象的「大詞」結論，比如民主、比如文明。不過另一方面，這可能也反映了外省第二代寫作者的「懷鄉」書寫在方法上必然的變遷——如果不說是觸礁。

作爲一名「遲到的」、不具有直接經驗的作者，勢必得借重外在的資訊來源，比如史料蒐集、實地走訪，以取得不在她身上的「第一手資料」。畢竟她不像張拓蕪、桑品載曾親身經歷、親眼目睹「歷史現場」，能把生命兌換成手記或回憶錄。隨著外省一代凋零、二代執筆，欠缺具體故鄉與流亡經驗的後裔，因爲自己不具備稠密的經驗，爲了塡補敘事的空白，通常會讓複數的經驗同時呈現，所以在寫作方法上也不免會打開一個「史」（時代）的格局：「遲到者」需要移樽就教、博覽群史，四處蒐羅相關案例，連帶地就會讓整個時代的父親與母親「們」現身。

「大江大海」出版的二〇〇九年很有趣，同一年有幾冊重量級的「一九四九敘事」推出，例如：王鼎鈞《文學江湖》、齊邦媛《巨流河》和龍應台《大江大海一九四九》。除了恰逢政府遷台「一甲子」這個特殊時點，更反映了一九九〇年代以來，台灣主體史觀愈發蓬勃後，外省族群的失落感。比如台灣對「二二八事件」討論熱烈，卻對中華民國大陸時期「七七事變」、「南京大屠殺」等冷淡以對。研究者陳涵書就認爲二〇〇九年「一九四九敘事」的勃發，隱藏的是國族敘事崩解、失落後，企圖以個人記憶重新建構歷史及認同。這裡的歷史及認同，當然不是中國（中華人民共和國）的，也不是台灣本土的，而是——民國認同。

隨著時移世易，「民國」的記憶被中共和台灣本土敘事夾擊，漸漸消亡殆盡。長於強烈民國認同的家族與歷史底下的龍應台，似乎悟得了她「挽救民國於萬一」的使命。比起不惜頂撞黨國敘事的張拓蕪，或者爲了替外省老兵族群打抱不平的桑品載，當時代流轉到龍應台，她選擇以民國自居，重述國族歷史，取得分庭抗禮於台灣本土和共產中國的話語權。多次造訪馬祖，也很可能因爲這是她的「民國認同書寫」可以發揮的土地。

自從李登輝就任中華民國總統，其「本土化」的施政與論述動搖了外省族群的國族歷史敘事，特別是他的「外來政權」論，抹除了國府視角連續性的「北伐、剿匪、抗戰、來台」的國族記憶——這也是外省族群記憶之所繫。爲了回應時代的變化，二〇〇〇年後，外省族群積極舉辦徵文活動或眷村紀錄片課程，試圖挽留族群記憶，「一九四九」主題也從最初的流亡、逃難，漸漸轉變成如何在台適應新生活。也因此當二〇〇八年政黨再度輪替，外省族群「揚眉吐氣」的感受相當明顯。例如在大衆文化上，象徵外省記憶復甦的眷村懷舊風颳起，如電視劇《光陰的故事》（二〇〇八）、《閃亮的日子》（二〇〇九），舞台劇《寶島一村》（二〇〇八）日後也登上中國舞台。國民黨重新取得政權，對台灣內部而言，既象徵中華民國史觀受本土化挑戰後千瘡百孔的反彈，也重新取得國家資源，能重新標舉「民國」重大時間點，比如二〇〇九年政府遷台六十週年、二〇一一年民國百年。在台灣外部，兩岸政府則進入蜜月期，例如二〇一〇年通過陸生三法、二〇一一年開啟「陸生元年」；同年，陸客自由行開放北京、上海、廈門等地先期試點。

畢竟從二〇〇〇年民進黨執政起，國共兩黨便放下了歷史的劍拔弩張，找到了共同敵人，也就是民進黨所象徵的「台獨」。在中國，國民黨的形象也從「分裂者」變成反對分裂的「愛國者」，宣傳部門對民國史的限制減少，以致中國民間吹起一股熱潮，二〇〇六年中國媒體命名爲「民國熱」[2]。其高峰或許可以二〇一二年五月中國青年作家韓寒訪台後，寫下〈太平洋的風〉爲代表：「我要感謝香港和台灣，他們庇護了中華的文化，把這個民族美好的習性留了下來，讓很多根子裡的東西免於浩劫。」字裡行間的「禮失求諸野」總通向溫柔敦厚的「民國想像」，文末「既然我們共用著太平洋的風，就讓它吹過所有的一切。」亦頗有龍應台之風。

無獨有偶，在二〇一五年改版的《大江大海一九四九》中，其序言標題正是〈湧動——寫於民國一百年〉。內文表示，中國大陸對台灣的好奇其實來自對「民國」的好奇，這也恰合龍應台的立場：是民國、而不是台灣本土。被北京封禁，她深知會因此得到大量因好奇而翻牆的讀者，他們好奇民國台灣、好奇中華民國作為一個擁有民主的版本的「中國」，也好奇中華民國被中共敍事僵固成「失敗者」形象而噤聲多年，此時竟然有個自居「失敗者」後裔立場的歷史代言者龍應台大發豪語：「我，以身為『失敗者』的下一代為榮。」民國和民主，正是遊走於「兩岸三地」的「華文知識分子」龍應台為自己找到最有市場利基的品牌識別。雖然辛辣的批評家轉向了慈悲的述史者，但依然嗅覺敏銳，火眼金睛。

②

例如網路上有中國民衆認爲，國民黨主政的「民國時期」（一九一二—一九四九）要比共產黨來得更具活力、開放與成功，同時，民國時期的學術、媒體享有高度自由，有更顯著的民主思想傳播與民主體制建立，因此中國社會興起一股「緬懷」民國時期的風潮。

二、「恕」史者？兩代「民國女子」

我還沒來得及跟你說，「一九四九」年兩岸割離之後，台灣人的故事並不全然是馬祖人、金門人和烏坵人的故事，雖然馬祖、金門、烏坵，屬於中華民國的領土。

馬祖、金門、烏坵，都是緊貼著大陸福建海岸線的島嶼，乾脆地說，這三個屬於台灣的島嶼群，離大陸很近，離台灣很遠！如果你對這些島嶼的位置還是沒概念，那麼這樣說吧，馬祖在福州對面……金、馬和烏坵人與對岸大陸居民的關係，就如同香港和九龍，如同淡水和八里，是同一個生活圈裡的鄉親，中間的水，就是他們穿梭來往的大馬路。

——龍應台，〈二十海里四十年〉，《大江大海一九四九》

也許因爲篇幅有限，龍應台對金馬只能處理「典型」的敍事，比如耳熟能詳的、被分隔兩地的悲哀：「從前，我聽說，在金馬，有人跳上小舢舨，媽媽要他去買一打醬油，他上午過去，下午就回不來了，五十年後才得以回來，到媽媽墳頭上香。」以及金馬、烏坵位於邊界，和看得到家、卻被家視爲敵人的荒謬。更有甚者，金馬甚至烏坵又被混同處理。之所以沒有進行細緻的辨認，很可能是無論金門、馬祖或烏坵都只被當成一個工具，用以服務全書的目的：「兩岸人民」因爲某種名爲「歷史」的惡作劇而割裂，成爲了今日樣貌。

整個島，挖空了，地底下全是戰壕。地面上，舉目所及，盡是碉堡，滿山都是防傘兵降落的裝置，連觀音廟和媽祖廟都塗上了陸戰隊的草綠迷彩，被重重鐵絲網圍繞。

——**龍應台，〈二十海里四十年〉，《大江大海一九四九》**

金馬的軍事地景對台灣讀者而言已是老生常談，但考量到龍應台還要展示給中國大陸與其他華文讀者，難免需要張致作狀地「奇觀展示」一番。

順帶一提，上文描述的島並不是馬祖，而是烏坵。顯然龍應台沒有深入挖掘不同島嶼更具體、複雜的跡證，反而混同各島嶼以致面目模糊，也確實是兜售一種「觀光客想看的戰地風景」。因此早有研究者批評，貫穿《大江大海一九四九》的並不是什麼歷史認知，而是對「戰場」、「流亡」的情感渲染。

龍應台提及馬祖和金門、烏坵，是在《大江大海一九四九》全書刻意錯落著民國史與台灣史的章節之後，可說是為了凸顯「台灣之外」的故事。在這種作法之下，「馬祖及金門、烏坵」和「台灣」被操作成兩組對立起來的符號：地理上馬祖和中國大陸比較近，和台灣較遠；政治上它隸屬於中華民國，而中華民國又和台灣（本島、本土）判然有別。

拿張拓蕪和桑品載的作品對照，無論生涯歷程或者身體經驗，馬祖在他們筆下更多是作為民國—台灣的延長，而不是對立。馬祖是他們人生的其中一站，他們從後方台灣來、而後又回到台灣；之所以來到馬祖，並不是為了感嘆歷史捉弄，而是執行時代下被交付的任務，所以軍事地景很扎實地是他們馬祖生活的一部分，如坑道中喝酒、碉堡裡辦報；但在龍應台筆下，馬祖的軍事地景只不過是從遠方眺望中，視覺裡的一個物件，維持著安全距離。她沒有故事可寫。

不過就像前面說的，這可能也是方法的非戰之罪：只能從資料調閱試圖重建的龍應台，也只能作爲故事的轉述者，所以略過了經驗本身細緻的質地，而將看似相似的事物擅自同質化，可說是一種寫作的誘惑。比如將「馬祖、金門、烏坵」共冶一爐，用來豐富她認定的「歷史的悲劇」：

我不管你是哪一個戰場，我不管你是誰的國家，我不管你對誰效忠、對誰背叛，我不管你是勝利者還是失敗者，我不管你對正義或不正義怎麼詮釋，我可不可以說，所有被時代踐踏、汙辱、傷害的人，都是我的兄弟、我的姊妹？

——龍應台，〈尋人啟事〉，《大江大海一九四九》

這豈止是述史，根本是「恕」史了。事物的脈絡被抽空，用來爲她的菩薩心腸服務。類似的寫法也出現在《大江大海一九四九》十週年紀念版（二〇一九）

的序〈以記憶還給記憶，以尊嚴還給尊嚴〉，「金門島」的小節座落在西敏寺、一戰二戰的德國、衡陽張家山、張拓蕪的鹽城、德法簽署停戰協定的康邊森林……之間，都爲了通往最後一小節「國家品格」的結論：「國家和個人一樣，從態度看出品格。怎麼對待受傷的人，怎麼面對自己的錯，怎麼選擇遺忘和記得，也就是說，怎麼對待歷史，就是品格的高度。」③「大詞」美文技藝爐火純青，然而八二三該被紀念並非不證自明，它值得用更深刻的了解去支援論述。但是綜觀全文，難免懷疑：龍應台眞的關切金門嗎？或者金門再度成爲她發動慈悲爲懷、表演道德訓誡的舞台效果？

如果我們用前面推敲出的「民國認同」來看龍應台寫金馬的態度，就可以管窺一二她對金馬的認知了。金馬確實是最「正宗」的中華民國土地，從一九一一年辛亥革命改朝換代以來不曾離開過「中華民國」的版圖，不像中國大陸在一九四九年後易幟，不像台灣諸島嶼在一九四五年後才成爲中華民國的一部分。

抵擋砲火，也正是對民國政權最忠心耿耿的展現。因此，馬祖作爲「民國」的象徵，能同時滿足龍應台向兩個族群發話的意圖：對台灣本土，揭示「台灣」

內部有一處「民國」，對中國大陸，有一處地緣似近、社會實遠的「民國—台灣」。同時又把金馬「抬高」到世界史的高度——實際上是抹平世界各地戰火悲劇具體的差異，不痛不癢地抵達「怨」史，也走上了道德制高點，畢竟金馬承受炮戰的血跡和屍身確實歷歷在目，我們能苛責她什麼呢？

她在後作《天長地久：給美君的信》描述母親美君是「民國女子」，並且多次代言民國：「美君的『中國』，是『中華民國』……後來中華民國因爲打敗仗，搬到一個小島上去了。我的老師繼續告訴讀小學的我，列強如何瓜分中國。」失敗者、民國，已成爲龍應台的關鍵詞，父母那輩的民國紀年、認同與歷史記憶，由她承繼下來。她和母親，成了流連在台灣的兩代民國女子。

③ 並提及八二三砲戰的六十周年（二〇一八）只有國防部長到場祭奠，總統、副總統雙雙缺席，以及記錄執政黨副秘書長在電視說：「八二三是共產黨在跟國民黨打仗……這值得紀念嗎？」提及砲彈落在田裡、落在農舍的屋頂、落在學校的操場、落在孩子不敢去的海灘；提及死在碉堡外的將士、操場上炸斷腿的孩子，種種都沒有確實的統計數字……等悲劇場景，正是爲了通向「歷史被國家遺忘」因而折損了「國家品格」這樣的道德訓誡。

二〇〇九與二〇一七年龍應台兩次訪馬，都爲了採集素材以供書寫。不過至今相關作品似乎還沒成書，或者又被塞進了哪本悲劇林立的亂葬崗之間？一如《大江大海一九四九》一個又一個沒有加害者的受害者們的哭嚎和眼淚。因爲龍應台強烈的重述民國史、乃至（呼籲、甚至代替受害者們？）「怨」史的慾望，馬祖的呈現相對片面，又重蹈過去馬祖負擔國防任務的光輝與苦痛。這樣的寫法，不免有將馬祖工具化的危險。

實際上這本書裡，龍應台大有往前一步的潛力，也就是她提及了複數島嶼坐落在陸上政權夾縫之間的共相：那些一九四九年無法接受共產中國統治，而逃向香港，落腳於調景嶺的官兵與青年，很多人聽到「學校」招生、爲了建設美好的「自由中國」，便去了。然而那學校設在塞班島，正是戰前一九四四年美軍強攻、日軍戰死上萬人的島嶼。

此時這群年輕人的軍事訓練，都爲了主要任務作準備：空投大陸。他們在塞班接受訓練時，也是被抓兵到烏坵的游擊隊員林文彩又被指揮突襲對岸的時候。島是陸地政權的海中延長，它既是邊陲、又是國界。在當今世界的地緣政治裡，許多島嶼難逃被政治化、軍事化的宿命。島上的人們、或被迫到島上的人們，才剛脫離戰爭卻又掉入戰爭。龍應台擅長的故事碎片讓我們看到島嶼的悲劇並非孤例。如果龍應台可以統合她的碎片，做出關於島嶼與海洋的歷史性分析，那必然會比停留在一切事例皆面目模糊的「大詞」結論與無條件「恕」史更為鋒利。

參考資料

＊龍應台，〈【冰点】一个主席的三鞠躬〉，《中國青年報》。
＊杭之，〈大衆文化市場中的「野火現象」〉，《中國時報》「人間」副刊，一九八七年六月十九日。
＊林麗娟，〈龍應台《野火集》研究：以台灣戒嚴時期雜文書寫做爲參照〉。新竹：國立清華大學中國文學系碩士論文，二〇〇四年。
＊朱宥勳，〈龍應台所繼承的美文傳統〉，思想坦克。
＊龍應台，《大江大海一九四九》。台北：天下雜誌，二〇〇九年；新北：印刻，二〇一五年；台北：時報文化，二〇二二年。
＊陳涵書，〈「一九四九」敘事的變遷及其意義研究〉。台北：國立臺灣大學台灣文學研究所碩士論文，二〇一四年。
＊秦川，〈透視中國：慶祝「雙十節」的大陸人〉，BBC中文網。
＊〈韩寒：我们失去的，台湾都留下了〉，中制智庫。
＊龍應台，《天長地久：給美君的信》。台北：時報文化，二〇二二年。

第四章　新生島嶼：後戰地馬祖

馬祖樹立的是一種與台灣「『合』而不同」的主體，
它們不應被一概而論，
或廉價地認為有共同的被害經驗因而必然油生一個彼此理解的「共同體」。

第一節　寫馬祖事：馬祖文學獎

一、「名家書寫」

馬祖經歷長期軍事治理，曾有大量軍人駐島，因此前面兩章提到的作家們，泰半是外省人、並具軍籍身分，無疑反映了馬祖的歷史。然而，在島外人士的「代言」之外，馬祖自己的聲音是什麼？我曾經寫過乘著班機離開馬祖，回頭鳥瞰島嶼，它像胎兒倒懸在溫柔的羊水之中——如果我們像聽診器靠近島的胎動，會聽見馬祖怎樣的心內音？是呢喃還是喧嘩？跋山涉水，這一章終於回到馬祖本地的聲音。

台灣各地的地方文學在一九九〇年代後蔚為風潮，無論是文學史的爬梳，或者文學獎的拔擢，都是為了奪回被黨國意識形態覆蓋的地方色彩、被壓抑的歷史記憶，因此不免有「向心」於台灣本土意識形態、甚至包圍起一個成形中的台灣國族之傾向。一九八〇、九〇年代，台灣開始探索自身身世時，馬祖來不及躬逢其盛；馬祖解嚴時，人口已跌入谷底，文化建構和自我追尋都到相當晚近才逐步展開。另一方面，台灣對過去、未來的關注始終以本島為界，在台灣對「本土」的想像裡，馬祖位於探照範圍之外，像一團黑暗。馬祖的地方文學雖然也撬動漫長的軍事治理所掩埋的記憶，但卻不像本島，有不證自明的台灣元素。

固然我希望未來的台灣「本土」能領域展開，擴及馬祖，但我們也需承認馬祖充滿異質，是台灣的異己。馬祖文學發展至今，根據我的觀察，一直維持著和台灣本土的社交距離。比起來，金門文學顯著地將興起的台灣本土、台灣國族視爲「他者」，對「台灣中心」多所爭辯，而馬祖的反應雖不如金門劇烈，但也沒有興高采烈地和台灣水乳交融。毋寧是若即若離，「合」而不同。

馬祖文學獎於二〇〇九年開徵，算是搭上台灣各地方文學雨後春筍的末班車。檢視它累積的作品，正可將我們談論馬祖的視野推展到時間的下游——卸除迷彩、解除戰地政務後，光怪陸離的當代馬祖。離開戰地島嶼的身分後，馬祖感受什麼？思索什麼？在劇烈的社會變動之下，馬祖人是躊躇滿志，還是惶惶不安、手足無措？首先，就讓我們從馬祖文學獎累積至今的作品開始。

馬祖文學獎徵集至今（二〇二三）已十屆，小有積累，這些作品都將是未來理解此時此刻馬祖樣態的時光琥珀。尤其相較於前兩章豐厚的戰地故事，後戰地的馬祖社會型態不變，從軍事島嶼掙扎走向觀光島嶼。在馬祖文學獎的作品中，我們可以觀察：這條路馬祖走得如何？馬祖人的心事怎麼被銘刻在文學作品裡？

除了投稿作品，馬祖文學獎從開辦以來，每一屆都規劃有「名家書寫」單元，由主辦單位邀請一至四位已成名的作家拜訪馬祖，寫下他們的馬祖印象。受邀的「名家」名單約略可以看出誰是主辦方心中有資格書寫馬祖的一時之選，也不少人和馬祖有直接關聯，例如第一屆的「名家」身分就相當平衡：有馬祖流亡經驗的蔣勳，有軍旅代表、海軍出身的汪啟疆（一九四四—），以及馬祖本地作家謝昭華。

這也是馬祖文學獎之所以重要的原因之一。除了島外作家，「名家」、評審等職務將劉宏文、謝昭華、劉枝蓮、劉梅玉、劉家國等耳熟能詳的馬祖寫作者一網打盡，他們的身影穿梭在各文類評審團間，扮演起提供島嶼相關知識的關鍵角色，作爲評選時的標準或補充。馬祖文學獎成爲馬祖本地作家的大本營，他們在此集結論述、露出作品，並且用自身文學與美學的標準選拔新一代馬祖文學，可謂動見觀瞻。

延續著上一章龍應台的「一九四九」，作家蔣勳（一九四七—）也曾受龍應台之邀，動筆留下他的流亡故事。「一九四九」六十年後的二〇〇九年，蔣勳受第一屆馬祖文學獎之邀，成爲該屆「名家」之一，這篇故事於是留在作品集中，成爲馬祖文學的一部分。

蔣勳的「一九四九」其實發生在一九五〇年底、一九五一年初，他們全家從福州沿閩江順流而下，先經由馬祖白犬島再前往台灣。蔣勳在二〇〇七年回到馬祖時雖然帶著流亡的「親身體驗」，但當時他年僅三歲，已經毫無印象，全是靠家人轉述，以及留存至今的物質證據：那張爲了入境而在白犬島拍的照片。

龍應台問我「一九四九」我在哪裡？因為完全沒有記憶，我語焉不詳，只有寄這張可能有見證性的照片給她……她說，沒有用這張照片，是因為覺得應該把這張照片的故事留給我自己來寫……謝謝應台，她張起了「一九四九」的大網，許多人可以繼續補充一根或兩根經線緯線。

——蔣勳，〈一張入境照片：寫給白犬島〉

蔣勳其個人經驗的特殊之處在於，馬祖的平民受「隔斷」的經驗約莫停留在

一九四九、五〇年，例如馬祖作家劉宏文曾在〈流浪到珠螺：父親的馬祖歲月〉中寫到父親的親歷：「民國三十八年……馬祖列島與大陸之間的所有交通往來完全斷絕。自此，父親才憬悟到已困居馬祖，在焦慮與徬徨中開始了後半生的馬祖歲月。」或者另一位作家劉枝蓮在〈二十天的風暴：紀實七十四軍來馬祖〉中，描述母親於一九五〇年四月八日被長輩護送，在長樂上船赴馬，次日解放軍就正式封港，沿海從此和馬祖斷了音訊。原本行李已經收拾好的族裡叔輩想到外山（馬祖）投靠劉枝蓮的父親，也無法成行。但蔣勳很可能因父親任軍職，即使在一九五〇年底仍有資源讓全家乘船出海，並安全登陸白犬。

第一屆馬祖本地「名家」代表，是詩人謝昭華（一九六二—）。謝昭華赴台讀完醫學系後，返馬祖執業。他一九九五年就出版詩集《伏案精靈》，是相當早成書並於台灣發行的馬祖作家。比起汪啟疆，謝昭華較少動用殲滅、防區等和軍事或戰備直接相關的字眼，傾向從更廣大的歷史去追索馬祖，或許也是爲了探溯自己降生於馬祖的認同和意義，如他在詩中意識到馬祖特殊的地緣政治位置：

國境的最北端了，東引島
流落於海峽的黑潮間
沿著亞洲陸塊的礁岩
在無星的夜晚凝結
一滴古老大陸的悲憤淚水

——謝昭華，〈邊城四季〉，《伏案精靈》

生而在馬祖，生而爲馬祖人，只能在古老大陸的邊緣、寂寥的國境最北端，鬱結成淚。二〇〇一年的詩集《夢蜻蜓》，輯一便是「冷戰紀事」，詩名如〈狙擊〉、〈國境封鎖〉、〈在戰亂頻仍的年代醒轉〉、〈冷戰紀事〉、〈沒有人再和我談祖國的問題〉等，充滿對身爲戰地、前線與島嶼的感嘆。其中〈國境封鎖〉這樣寫：

鴉片煙薰過，日本軍官的酒臭口氣薰過
海民的王國短暫，縱橫大陸陸塊的邊陲

不屬舊朝，不歸新黨，自由自在悠遊海疆
是自己的子民，是海的孩子

——謝昭華，〈國境封鎖〉，《蓼蜻蜓》

詩中對於馬祖歷史和馬祖自我定位的探討，格外突出。國家權力的「國境封鎖」之下，每一次「薰過」都是強權的侵犯，島民別無選擇。而在詩中指明能逃脫強權、國家掌控的出路，則毫不意外是海洋。爲什麼海洋認同或「海洋性」會成爲詩人謝昭華的逃逸路徑？冷戰時代馬祖受到戰地規範，禁錮於「國境封鎖」，對比於此，海洋既自由遼闊，又有歷史上海盜「無政府」的反抗性格。

歷史學者宋怡明在對比金馬兩地時，發現金門傳統學風鼎盛，和正統儒家思想緊密連結；海盜固然強悍，但地位在中國社會、律法的邊緣，馬祖人卻很奇怪地會以「優秀的海盜」（或海盜的後裔）自稱，成爲馬祖人的認同形象或自我期待。在現代國家的力量尚未穿透馬祖前，自發集結的海盜集團是馬祖附近海域的秩序界定者。他們據海爲王，和陸上巨大的政權或合縱連橫、或分庭抗禮，「梟雄」形象鮮明。

海盜馳騁於海洋，而「國家」又總是來自陸地。如果我們將國家政權這樣的「統治者」跟「陸地」連結，就能夠讀出馬祖渴望「海洋性」背後，其實正是抗拒陸上政權統治者的能動性。

研究者陳孜涵在考察馬祖民間傳說時，也認爲馬祖人與海盜在歷史上始終保持著身分轉換的流動性，馬祖因爲其地理位置，本就經常有船途經此處前往台灣、日本，因此當明、清帝國實施海禁，三餐不繼的馬祖人則只好「落草爲寇」，成爲海盜。馬祖人對海盜的評價也就亦正亦邪，如蔡牽、林義和、陳忠平都是仍流傳在馬祖耆老口中，「家喻戶曉」的代表人物。陳孜涵指出，約一九二〇、一九三〇年代出生的老年人多視海盜爲「義賊」、「俠盜」，原因正是當時馬祖處於國家律法鞭長莫及的「三不管地帶」，而海盜爲了鞏固地盤，通常也必須「保護地方」，直到國軍入駐——陸地國家政權強勢覆蓋而來。

〈國境封鎖〉的後記中，謝昭華引用馬祖史家林金炎，寫到「蜑民」。所謂「蜑民」，可以追溯到東晉末期。當時政權腐敗，民衆反抗，但海上起義者被滅，餘部江海漂泊，長年生活在船上。他們以船爲家、以漁爲業，善泳，後人稱之爲蜑民。蜑民受政權忌憚、厭棄，歷代王朝皆禁止蜑民上岸，於是他們在海上生老病死，往來於島嶼和沿海，千百年來應該曾經來往竿塘、白犬或鄰近島嶼海面——即今日的馬祖列島。

「蜑民」和前述的海盜一樣，都是流動在水面的人。謝昭華不斷召喚這些「祖輩」的故事，可能也殊途同歸、遙遙相映著桑品載所暗示的「海洋性」，對西邊的原鄉大陸與帶來禁錮的東邊台灣島，都抱持疑惑，保持距離。

不過應邀來馬祖探訪並寫作的「名家」們，可能受制於安排好的遊覽流程，造成寫作內容重疊，寫馬祖的視角也相當受限。比如二〇一一年的「名家」邱坤良就坦言，主辦單位可能擔心台灣評審不夠了解馬祖，所以特別安排兩天一夜馬祖實地考察參訪，等於是一趟「行前訓練」，然而這就導致該年「名家書寫」有如大同小異的遊記，充滿觀光景點。諸如紀蔚然寫芹壁、南竿「依嬤的店」、北海坑道；沈花末雖有回憶在馬服役的二哥，但文末仍提及兩天一夜行程中的芹壁、夫人村；陳怡眞也從芹壁寫到南竿夫人村、東莒大埔岬灣。而島上的反共標語，似乎對「名家」們造成了不小的文化衝擊。短暫且制式的行程安排，以及公部門官員主導的談話①、單一的馬祖簡介下，並不太容易產生不同的觀點或較深邃的思考，因此觸目可及的標語成爲最陌生化的異質經驗。

回首過去，馬祖好像難以擺脫島外「貴賓」懷著特定目的，蜻蜓點水便要揮毫而就。從戰地政務時代的政治宣傳《金門．馬祖．澎湖》到如今的「名家」之旅皆然，走馬看花往往只能流於想當然爾②。所以，「名家」的極限走馬反而容

---

① 紀蔚然曾在〈親切的陌生〉中描述過類似的場景：「席間，文化局長曹以雄和我們聊起馬祖的未來……」而受邀「名家」之所以常寫曹以雄的刺鳥咖啡或劉枝蓮的海老屋，也和島嶼的文學界人際關係不無關聯。

② 戰地時代的軍事宣傳之旅和如今的文學觀光宣傳之旅，著實相當類似，王琰如在〈寄上我的感謝與祝福〉中如此描述這個經驗：「雖然時間是那麼迫促，逗留的功夫是那麼短暫，因此，許多想看的事物就無法一一看到，許多想去的地方也無法分身，但是，我相信我多少已瞭解了一部分『馬祖精神』以及『海上長城』的眞實情況。」

易落入他們在當評審時的批評：「我看這些作品的同質性太多……一般泛泛的遊記。」此外，因與公部門的對價關係或職務身分，「名家」也可能要自我審查，而流於對地方的溢美，就連以辛辣著稱的苦苓亦落入美文窠臼。苦苓曾受地方文化局之邀，短住東莒——去了四次，每次半個月——並將生活情事結集成《我在離離離島的日子》。內文的風格是這樣的：

「而我更想念島嶼的寧靜，極少的車，極少的人，靜到妳聽得見每一隻鳥的呢喃……到過六十幾個國家，而我現在唯一想念的，是東莒。」

——苦苓，〈這樣，這樣的想念〉，《我在離離離島的日子》

但是他在擔任馬祖文學獎評審時，明顯捨棄了耽美的行文路數，以「馬祖專家」之姿，向其他評審分享犀利的觀察：

我們很愛馬祖，但馬祖人對馬祖在地會視之雞肋，而且他們因為求學，國中去西莒，高中到南竿，大學來台灣，其實會在各個島上流離……大家都恨不得離

開，尤其是冬天，這就是矛盾的地方，我們也該尊重馬祖當地人的感受……就算他覺得馬祖不好，但感情是真的存在的。

——〈我的異地與故鄉：散文組決審會議紀錄〉，《記憶我島：刻寫馬祖二〇一六年馬祖文學獎得獎作品集》

大部分「名家」即使對馬祖有批評，也相當委婉其詞，如邱坤良在〈孤島與仙島〉中指出馬祖文化人、行政官員的思維和做事方法和台灣同行沒什麼差異，同樣陷於發展主義，和花東、中南部一樣，莫不以台北爲標竿；具體方案不外乎改善交通、增加設施、縮小城鄉差距、發展觀光產業等。該文標題與文眼的「孤島與仙島」似乎想勾勒「馬祖往何處去」的躊躇，文末卻又回到「沒有絕對的答案」。這正顯示了「外來者」寫「當地」的困境，既可能帶有浪漫濾鏡，將島嶼美化成「海上桃花源」；又掣肘於人情世故，難以直抒胸臆。

二、藍色，是馬祖的眼淚

當代馬祖的摸索跌跌撞撞，被馬祖文學獎的投稿者們壓縮進作品裡，其中又可以兩個主題概括：賭場與藍眼淚。前者的博弈公投發生並通過於二〇一二年，後者則於二〇一三年開始進入大眾的視野，兩者時間相當接近，其中的峰迴路轉可說讓馬祖搭上了「朝向觀光島嶼」的雲霄飛車。這一節將會從馬祖文學獎裡相當醒目的「藍眼淚現象」開始說起。那幾年，馬祖不只浪花赤潮，沙灘上星點熠熠，文學作品裡也光彩奪目——甚至可能太奪目了。

此外，伴隨著馬祖社會在後戰地漸漸安穩下來，我們也看到馬祖文學獎從青澀走向成熟，其一是題材從偏重軍旅記憶，到日漸均衡；其二則是紀實文類獎項落幕，虛構文類代之開啟。在文學上，如果強調「紀實」（也就是不能虛構），說明的很可能是「史」的功能有欠，文學來越俎代庖通常是感受到了這份欠缺。一開始，或許馬祖的地方記憶才剛剛釋放、不夠豐厚，因此特別獎掖「紀實」。不過經歷十屆，徵獎文類終於轉向給允許虛構、天馬行空的小說，似乎說明了馬祖的寫作已然成熟、素材已有累積。馬祖文學從沿著地面行走，長出了翅膀飛翔。

現在就讓我們回到馬祖文學的「藍眼淚現象」，話說從頭。

那天夜裡我們跟著一群人瞎起鬨，跑下猛澳沙灘，在波浪退去的沙灘上用力頓足。點點藍光魔法似地亮起，陣陣驚呼與讚嘆卻比腳下的光芒更燦爛。我們踩著星砂，踩亮一種叫做渦鞭毛藻的物類。有些事情沒有壓力就不會有光芒，這大概是微微螢光透露的訊息吧。

——王威智，〈如果在小島，一雙腿〉，（二〇一三年馬祖文學獎得獎作品）

二〇一三年，因爲幾張海灘上神祕藍光的攝影在網路上廣泛傳播，馬祖重新回到大眾視野，許多觀光客慕「藍眼淚」之名而來。藍眼淚是一種自然現象，海中的夜光藻感受到周遭環境變化時，會發出藍色光芒，介形蟲吃了夜光藻後也隨之發光，如果數量龐大，便會在海上形成連綿的藍色光帶。其實證據顯示，藍眼淚並不是當代才出現的現象，只是馬祖長輩不叫藍眼淚，他們稱「丁香水」，那是捕丁香魚時會出現的自然現象——每年丁香魚產季在「立春後、穀雨前」，剛好就是藍眼淚最易形成的季節。藍眼淚爆紅之後，有專家指出藍眼淚在當代的大量出現，恐怕指向生態危機：由於閩江口排出大量工業與家庭廢水，才在冬春之交、氣候回暖時使夜光藻大量繁殖。不過部分馬祖攝影愛好者不滿意藍眼淚和生態惡化的牽連，舉出郁永河《裨海紀遊》（一六九七）橫渡黑水溝時在澎湖海域的描寫，佐證藍眼淚自古有之：

> **少間，黑雲四布，星光盡掩。憶余友言君右陶言：「海上夜黑不見一物，則擊水以視。」一擊而水光飛濺，如明珠十斛，傾撒水面，晶光熒熒，良久始滅，亦奇觀矣！**
>
> **——郁永河，《裨海紀遊》**

約略同一時期的清代孫元衡從廈門夜渡澎湖，也以漢詩〈海波夜動燄如流火天黑瀰漫亦奇觀也〉記錄了海浪中出現的流動青熒光焰：「亂若春燈遠度螢，坐看光怪滿滄溟。天風吹卻半邊月，波水杳然無數星。是色是空迷住著，非仙非鬼照青熒。夜珠十斛誰拋得，欲掬微聞龍氣腥。」

金門作家吳鈞堯在〈問道山林〉回顧他於二〇一〇年造訪東莒花蛤節說：「馬祖的『藍眼淚』已經藍了好幾個世紀，但從未被當作觀光資源，到馬祖，船票或機票都非常好買。」藍眼淚的「重新發現」是馬祖在後戰地時代的自我摸索：從軍事回憶的戰地島嶼，走向吸引旅客的觀光島嶼。

二〇一六年馬祖文學獎「故事書寫」類組優選獎〈遇見藍眼淚〉整理了藍眼淚從被目睹、「發現」到上網傳播、登上主流媒體、並以票選賦予該現象「藍眼淚」這個名稱的過程。劉家國、林文義兩位評審皆予以正面評價，但劉宏文則憂心藍眼淚的出現是隨機的，馬祖不應該把觀光資源都押寶於此；再者，馬祖的觀光熱潮都來自一張照片，將使歷史定於一尊、成爲定論，並以其自然科學背景質疑藍眼淚的出現，跟環境的過度負荷脫不了關係。他直言：「我覺得馬祖應有更多東西美過藍眼淚。」

事實上，「藍眼淚」作爲後進的「馬祖特色」，確實成爲了一個僵化的地方想像，甚至投稿符號，凸顯的恐怕是馬祖觀光產業未能順利把馬祖在地素材包裝成可供行銷的特色，只好仰賴這個「突發」、不確定極高的自然現象，並任其成爲馬祖的代名詞。二〇二〇年新詩獎評審陸穎魚就表示，雖然許多作品出現代表性景點，但若不能好好利用或擴展，僅流於符號，便無法引起共鳴。二〇一八年幾乎每一篇得獎散文都以各種方式提及藍眼淚：「晚上去拍『藍眼淚』」「海面的藍光，無垠浩瀚」「每當一波浪潮褪去，沙上藍光點點」。如同劉宏文的觀察，如此「顯著」、「奪目」的特色，將馬祖諸多可能性都掩蓋，「定於一尊」，彷彿沒有寫到藍眼淚就不夠「馬祖」。

二〇〇九年首屆散文類決審羅葉觀察，很多作品都是老兵回憶，比如同袍飲彈自殺或者構工。確實，馬祖文學獎剛開徵時，得獎作品有相當大的比例是冷戰時代從後方台灣來到前線馬祖的部隊經歷。但文學獎開辦當年，「後戰地」時間相對短暫、馬祖人口又大量外流，相比之下，戰地時代的馬祖（一九五六—一九九二）③時間更長，容納了大量兵員與島民，有切身經驗可以描繪。

然而十一年後，二〇二〇年短篇小說組決審劉宏文仍然表示：投稿作品中最多的還是軍旅回憶，其次才是長、短期遊客和一些在地故事。因爲父母輩的遷出，後戰地「馬生馬長」的青年數量當然不敵冷戰時代的馬祖人和有馬祖經驗的台灣大兵，作品不足也無可厚非，但「當代馬祖」題材的相對匱乏仍是警訊。

不過隨著時間推移，軍旅經驗也會用罄、也會審美疲勞，所以後來雖然軍旅

---

③ 但若是從開始「戒嚴」算起，則是一九四八到一九九二年。因爲中華民國進入動員戡亂時期後，一九四八年便由總統戒嚴令將「台灣、西康、新疆、西藏」摒除在外，故馬祖較台澎早一年在法律上進入戒嚴狀態。《戒嚴時期不當叛亂暨匪諜審判案件補償條例》亦稱：「本條例所稱戒嚴時期……金門、馬祖、東沙、南沙地區係指民國三十七年十二月十日起至八十一年十一月六日止宣告戒嚴之時期。」

稿件仍是大宗，但其它的投稿內容慢慢均衡了比重。二〇一三年，除了藍眼淚，馬祖文學獎已經有能夠反映馬祖時事的作品，比如〈致那些終將逝去的美好〉感嘆二〇一二年馬祖博弈公投後將發生的滄海桑田：「追索你執意認定的沃腴之地，在博弈動土之前，你說，你要再看一眼……」二〇二〇年的首獎散文也提及類似的元素：「外公和舅舅還大吵了一架，用福州話激烈地你來我往……只依稀知道是在吵馬祖博弈公投的事情。」

不過較爲可惜的是，以上作品較多輕輕帶過，用以感嘆馬祖的即將變化或表現家人不同意見的衝突。惟忝膺二〇一七年散文組首獎的拙文，留給賭場爭議稍多一點的描述：「……無意在餐廳的玻璃桌墊下看見一張號召『海歸馬青』的傳單。博弈議題剛剛吵完，澎湖投下了反對票，但馬祖贊成。它分析博弈產業入主，受益者是誰？周邊土地也許能升值，但整體居民眞能雨露均霑嗎？誰來承受後繼的外部成本？」

二〇一二年，馬祖舉辦博弈公投，成爲迄今爲止，澎湖、金門、馬祖的三離外島中，唯一通過公投者④。開發公司除了在馬祖各島舉辦數十場說明會，會中送出平板電腦、數位相機、床頭音響等，也承諾未來將按月發放縣民回饋金，最高可達每人每月八萬元。不過當時就有鄉親質疑財團連地都還沒買，很可能只是空頭支票；學者則直言連澳門最好的賭場都無法達到這樣的回饋條件，馬祖人切莫輕信。不過，也有人直指馬祖的悲哀：「要不是賭場，誰會像今天這麼在乎馬祖？」

公投前，開發公司遭媒體踢爆，該公司聲稱將在馬祖投資數百億，然而其台灣「總部」僅僅是在一棟聯合辦公大樓的一小間辦公室；亦有人質疑時任連江縣長楊綏生有替廠商背書、企圖影響博弈公投結果之嫌。楊綏生大力贊成賭場，多

④ 論者認為澎金馬三離島皆對賭場躍躍欲試，是來自於基礎建設和台灣本島有落差，人口外移嚴重，「離島長年沒有辦法解決的問題，居民會想要用『發展』來解決問題。」金馬尤其如此，軍管時代的低度建設、晚於台灣的解嚴時間，讓居民傾向選擇「追趕」的發展主義。何欣潔、李易安更將金馬的賭場夢向小三通歷史、世界賭業潮汐相扣。

次替廠商站台，他表示贊成方認為中央長期不重視馬祖，若引進財團力量投資賭場，是改善對外交通最有效的做法。這樣的立場也換來批評：基礎建設是公部門職責，縣長卻乞靈於財團。種種爭議讓謝昭華曾為文感嘆：「這是多麼艱難的抉擇，許多家庭裡，因為這一爭議性極高的議題而親子交惡，姊妹反目，與兄弟鬩牆。」

馬祖人未必沒有想過賭場可能帶來的危害⑤，但開發公司的回饋金、與相關基礎設施的承諾，仍擊中馬祖人因戰地限制、建設滯後而自認被長期「輕視」的相對剝奪感，也使得廠商與政治人物有操作這份「自卑感」⑥的空間。二〇一四年馬祖文學獎的受邀「名家」平路便寫到：「聽著馬祖人跟我說……贊成設賭場的鄉人心願很卑微，不是為了發財，只為了要求建一處安全起降的機場。」

然而，後續因為母法「觀光賭場管理條例」在立法院未通過，博弈計畫胎死腹中，曾聲稱要開設賭場的公司隨之撤離馬祖。不過二〇一二年博弈爭議引發的正反方支持運動，成為繼一九八〇年代末、一九九〇年代初爭取解嚴以來，馬祖睽違許久的另一波青年公民運動，尤其反賭陣營的年輕參與者回到馬祖扎根，促成了二〇一七年「馬祖青年發展協會」的成立。如今回顧博弈爭議，可謂形塑了當今馬祖青年文化面的重大事件。

雖然博弈議題一時沸沸揚揚，但二〇一七年有馬祖人在接受《自由時報》訪問時表示：「博弈公投，已經沒人關心。」因爲通過博弈公投（二〇一二）後，隔年藍眼淚照片就在社群網站傳播開來，馬祖找到人氣回流的「亮點」，觀光客湧入，帶入財富。

⑤ 馬祖通過公投後，時任內政部長李鴻源表示，馬祖基礎設施不足，水、電、油、交通建設和腹地都不夠，只能供應現有的一、兩萬人口，未來若引進大型開發案，將不是單一部會所能主導；若需資源，勢必要仰賴對岸，但馬祖又是敏感的戰地。

⑥ 關於馬祖人的「自卑、辛酸」，「反賭女孩」曹雅評的碩士論文〈捕魚好苦啊！戰地政務體制下的馬祖漁業及漁民家庭處境〉便自述是藉由回溯戰地漁村歷史，來試圖理解馬祖長輩在當代對賭場的依賴。

其實從博弈到藍眼淚，反映的都是馬祖在後戰地時代的困惑去向。海中隱約閃爍的藍眼淚，也像是馬祖人軍事統治以來、徬徨的眼淚：「對於大海，我有著更多的敬畏，敬的是祂餵養了我們一家人，畏的是祂深不可測，那深愁的水應混著人們的眼淚啊！」[7]

冷戰結束後留下的產業資源甚少，觀光幾乎是唯一的選項。而馬祖選民之所以「賭上」博弈產業，又看到藍眼淚喜從天降，無非都是在「戰地島嶼」向「觀光島嶼」轉型的過程中，試圖自我定位，尋找新的形象以吸引遊客到訪。然而正如劉宏文所說，藍眼淚的不穩定與環境特殊性，是否值得且應該依賴？博弈及其周邊附隨發展的園區、建設帶來的破壞和成本幾何？是否眞的有全然無拘的「自由」能做出選擇？馬祖似乎仍難以脫離何去何從的迷惘。

讓我們回到文學獎。馬祖文學獎不僅留下了當代馬祖的特殊事件，徵求文體的改變也見證了馬祖的積累。二〇〇九年第一屆徵求了和一般文學獎相當不同的「圖文小品」，用數張照片配合文字，能具體展現投稿者對馬祖的想像，例如：

八八坑道、海灣澳口、「領袖」雕像、戰地標語、閩東石屋、傳統祭典「擺暝」的神偶「孩囝」、閩東廟宇的封火山牆、爲防止船艦登陸的軌條砦等，基本上匯聚了各種已知的馬祖元素，但可惜投稿內容相差無幾，因此也稍嫌刻板；且評比上以圖帶文，文字內容相對不重要，似乎有違「文學獎」的初衷。

於是第二屆二〇一〇年起改徵「報導文學」，該屆決審藍博洲認爲報導文學首先看重其新聞性，即報導性，再來才是文學性，最後則是議論性，即批判性。他特別強調「它不能是虛構的」，但有許多作品純粹抄襲觀光導遊資料。評審標準也遇上問題，當年優選從缺，並列的兩篇佳作之一〈北竿坂里「十三暝」鬧元宵〉被評審陳其標認爲像流水帳，文學性與深度皆不足。但藍博洲卻認爲，如果按主辦單位的評分標準，那它就是中規中矩的民俗報導，且具恰到好處的主觀描

⑦ 陳翠玲，〈海的顏色〉，《潮．寫馬祖二〇一七馬祖文學獎得獎作品集》。連江：連江縣政府，二〇一七年。

寫，如果再多做解釋就變成學術資料。可能由於「報導文學」對文史資料、書寫能力的掌握要求皆較高，最後評審認定該次參賽作品普遍不佳，因此優選從缺。

第三屆二〇一一年開始，再改徵「故事書寫」。連江縣文化局的說法是，故事書寫的前身：圖文小品、報導文學，是期望有較深刻的文史深度，改徵「故事書寫」類組則是爲了「回歸到人文生活層面」。應該可以理解爲容許以個人經驗（「生活層面」）出發，不再如此強調報導的「客觀性」，對文史資料的品質與掌握要求皆可鬆緩，不過評選標準仍包含需有馬祖眞實的人事時地物等素材。

此後直到二〇二〇年第十屆，徵求文體才再轉向「短篇小說」，該年也是稿件相對大量的一年。評審劉宏文認爲是拜馬祖能見度提高所賜。不過，開辦以來多屆「紀實」作品，和隨之浮現的馬祖地方文史資料，都累積了小說創作的素材；走向「虛構」的小說，也可謂「鬆綁」了創作空間，這可能也是增加來稿量的原因之一。

例如該屆得獎短篇小說〈馬祖鱸鰻〉，描述主角離馬去台後進入工廠做工，而這正是近年馬祖地方文史常討論的赴台移民潮。研討會論文集《馬祖：戰爭與和平島嶼》（二〇一八）中至少就有兩篇論文在處理馬祖居民遷台的時代背景。因此馬祖文學獎改徵短篇小說，也可視為「馬祖文學」邁向成熟的一步：大眾對馬祖的關心、馬祖資料的積累皆逐漸豐厚，紀實的「故事書寫」完成階段性任務，馬祖文學長出了虛構的餘裕。

參考資料

＊李鴻駿，〈浯島在他方：金門學的「協商政治」與文學建構〉。新竹：國立清華大學台灣文學研究所碩士論文，二〇一九年。

＊蔣勳，〈一張入境照片：寫給白犬島〉，《馬祖鈞鑒二〇〇九首屆馬祖文學獎得獎作品集》。連江：連江縣政府，二〇〇九年。

＊謝昭華，《伏案精靈》。台北：詩之華，一九九五年。
＊謝昭華，《夢蜻蜓》。台北：書林，二〇〇一年。
＊宋怡明（Michael Szonyi），〈馬祖及金門：20 世紀地方軍事化的比較研究〉，江柏煒主編，《馬祖：戰爭與和平島嶼國際學術研討會論文集》。連江：連江縣政府，二〇一八年。
＊林傳凱，〈北竿海上的三群小船：重探馬祖列島的空間重構與國家化歷程（1950-1960s）〉「地理學與歷史學的對話」工作坊。國立臺灣大學地理學系，二〇二三年七月。
＊何欣潔、李易安，《斷裂的海：金門、馬祖，從國共前線到台灣偶然的共同體》。新北：聯經，二〇二二年。
＊陳孜涵，〈馬祖列島民間傳說研究〉。台北：國立臺北教育大學台灣文化研究所碩士論文，二〇〇八年。
＊邱坤良，〈孤島與仙島〉，《筆墨演義二〇一一馬祖文學獎得獎作品集》。連江：連江縣政府，二〇一一年。
＊紀蔚然，〈親切的陌生〉，《筆墨演義二〇一一馬祖文學獎得獎作品集》。連江：連江縣政府，二〇一一年。
＊苦苓，《我在離離離島的日子》。台北：時報出版，二〇一三年。
＊《記憶我島：刻寫馬祖二〇一六年馬祖文學獎得獎作品集》。連江：連江縣政府，二〇一六年。
＊王威智，〈如果在小島，一雙腿〉，《馬祖．人．愛芹海二〇一三馬祖文學獎得獎作品集》。連江：連江縣政府，二〇一三年。
＊曹雅評，〈捕魚好苦啊！戰地政務體制下的馬祖漁業及漁民家庭處境〉。台北：世新大學社會發展研究所碩士論文，二〇一七年。
＊劉宏文，〈馬祖辭典之六：丁香魚〉，馬祖資訊網。
＊孟祥傑，〈藍眼淚的危機〉，《聯合報》，二〇一三年四月二十日，A16 版。
＊王琰如，〈寄上我的感謝與祝福〉，台灣省婦女寫作協會主編，《金門．馬祖．澎湖》。台北：台灣省婦女寫作協會，一九六五年。
＊尹蓓方記錄，〈散文類決審會議實錄〉，《筆墨演義 2011 馬祖文學獎得獎作品集》。連江：連江縣政府，二〇一一年。
＊〈王敦濤：不要污名化藍眼淚，清朝古書曾經記載！〉，馬祖資訊網。
＊郁永河，《裨海紀遊》。
＊余美玲、施懿琳主編，《臺灣漢詩三百首（上）》。台南：國立台灣文學館，二〇一九年。
＊吳鈞堯，《台灣小事》。台北：聯合文學，二〇二二年。
＊李彥均記錄，〈現代詩決審會議〉，《二〇二〇年馬祖文學獎得獎作品集》。連江：連江縣政府文化處，二〇二〇年。

*徐麗娟，〈最初的遠方〉，《島嶼．拾憶：二〇一八年馬祖文學獎得獎作品集》。連江：連江縣政府文化處，二〇一八年。

*林郁茗，〈藍夜〉，《島嶼．拾憶：二〇一八年馬祖文學獎得獎作品集》。連江：連江縣政府文化處，二〇一八年。

*鍾金英，〈跳島遊．點亮我心〉，《島嶼．拾憶：二〇一八年馬祖文學獎得獎作品集》。連江：連江縣政府文化處，二〇一八年。

*施淑清記錄，〈散文類決審會議實錄〉，《馬祖鈞鑒二〇〇九首屆馬祖文學獎得獎作品集》。連江：連江縣政府，二〇〇九年。

*〈馬祖解嚴〉，國家文化記憶庫。

*劉宏文，〈【短篇小說組．總評】使文學常駐馬祖〉，《二〇二〇年馬祖文學獎得獎作品集》。連江：連江縣政府文化處，二〇二〇年。

*林君慧，〈致那些終將逝去的美好〉，《馬祖．人．愛芹海：二〇一三馬祖文學獎得獎作品集》。連江：連江縣政府，二〇一三年。

*姚宗祺，〈捕魚的那一天〉，《二〇二〇年馬祖文學獎得獎作品集》。連江：連江縣政府文化處，二〇二〇年。

*李雲深，〈馬祖博弈傳弊案，開發總部租一小間〉，新頭殼，二〇一二年六月二十日。

*孟祥傑、張祐齊，〈每人每月發8萬？遭質疑〉，《聯合報》，二〇一二年七月六日，A6版。

*曾懿晴，〈每月發8萬，澳門最好的賭場都辦不到〉，《聯合報》，二〇一二年七月十日，A3版。

*范世平，〈博弈公投，馬祖人的賭爛票〉，《聯合報》，二〇一二年七月十日，A15版。

*〈國中生黃玟嵐寫《馬祖未來不必賭》－戴立忍臉書力挺〉，ETtoday新聞雲，二〇一二年六月二十五日。

*謝昭華，〈聖詠〉，《島居》。台北：聯合文學，二〇一六年。

*楊湘鈞，〈馬祖開賭場，水電、交通不足〉，《聯合報》，二〇一二年七月九日，A1版。

*平路，〈馬祖的一頁滄桑〉，《在馬祖的地圖上二〇一四馬祖文學獎得獎作品集》。連江：連江縣政府，二〇一四年。

*〈馬祖公投過關已5年，「藍眼淚」金雞母發觀光財〉，《自由時報》，二〇一七年十月二十二日。

*陳翠玲，〈海的顏色〉，《潮．寫馬祖二〇一七馬祖文學獎得獎作品集》。連江：連江縣政府，二〇一七年。

*宋怡明（Michael Szonyi），黃煜文、陳湘陽譯，《前線島嶼：冷戰下的金門》。台北：臺大出版中心，二〇一六年。

*《馬祖鈞鑒二〇〇九首屆馬祖文學獎得獎作品集》。連江：連江縣政府，二〇〇九年。

*陳思妤記錄，〈報導文學類決審會議實錄〉，《親字出馬：二〇一〇馬祖文學獎得獎作品集》。連江：連江縣政府，

二〇一〇年。
*黃盈潔記錄，〈故事書寫類決審會議實錄〉，《筆墨演義：二〇一一馬祖文學獎得獎作品集》。連江：連江縣政府，二〇一一年。
*劉宏文，〈【短篇小說組．總評】使文學常駐馬祖〉，《二〇二〇年馬祖文學獎得獎作品集》。連江：連江縣政府文化處，二〇二〇年。
*游桂香，《馬祖鱸鰻》，《二〇二〇年馬祖文學獎得獎作品集》。連江：連江縣政府文化處，二〇二〇年。
*江柏煒主編，《馬祖：戰爭與和平島嶼國際學術研討會論文集》。連江：連江縣政府，二〇一八年。

第二節　聽馬祖聲：「自由的」馬祖資訊網

一、馬祖人的首頁

雖然戰地時代有《馬祖日報》，但那畢竟由軍方主導且獨占，不是馬祖人自己的媒體。東引人劉家國創辦的議論刊物《馬祖通訊》（一九九二—二〇〇六）①休刊後，資源轉進「馬祖資訊網」。二〇〇一年，馬祖資訊網設立，打破了馬祖地方社會會爲軍事戰地的封閉性，也打破馬祖多山而陸路困難、多島嶼而受海路分隔的地理阻礙。自然地理的阻隔，讓馬祖人向來在跨村、跨島的連結上就天然不便。

馬祖資訊網站長劉家國在馬祖解嚴前就是號召金馬人爭取權利的論述者，他於一九八八年編著《我的家鄉是戰地：金馬問題面面觀》，針對戰地金馬遭「二度戒嚴」嚴厲抨擊國家體制。有這樣的政論背景，馬祖資訊網的時事議論版塊「馬祖開講」便是馬祖資訊網流量的重中之重，吸引許多人來揭發、論辯、圍觀。就連馬祖的公務人員也需要天天瀏覽馬祖資訊網，以求第一時間排除狀況。

因此，馬祖資訊網也被稱爲「馬祖人的首頁」。如果說馬祖文學獎是「文學的」，仍具一定的門檻，也終究有地方政府的「官方」性質；那麼馬祖資訊網就更是「社會的」、「民間的」，門戶開放，沒有評審把關，人人皆可上場，任意回覆，無遠弗屆。前者的選集是一年（或數年）一度的文學美學認證，後者的成書則全憑市場性，拚點閱率。

其中，在馬祖資訊網上連載而後出版的《雷盟弟的戰地童年》就是一例。

兒子一遍又一遍，活靈活現地描述電影「星際大戰」的精采片段，一會兒發射火箭炮，一會兒外星人大轟炸，一場槍林彈雨、烽火連天的戰爭場景彷彿就在眼前：「媽，萬一外星人攻打地球，我們豈不是得跑來跑去，找地方躲起來？」防空洞。

腦中突然閃過一個畫面，也許是最近沉浸在北竿的渡假回憶中還未回神，回到台北後，常常時空交疊、影像淡進淡出。

——夏淑華，〈月全蝕〉

①《馬祖通訊》由東引人劉家國於一九九二年創刊，並同時負責主編、採訪、校稿、貼郵票寄送的庶務等，被稱「一人雜誌社」。為了免於發聲受到箝制，排除一切官方經費。雜誌原為月刊，於二〇〇二年八月起轉為周刊。內容以馬祖地方事務為主，涵蓋政治、輿論、人物報導與藝文風氣等，是後戰地政務、新興民主時代的馬祖代表性的刊物。於二〇〇六年二月起休刊。

二〇〇五年，嫁給來台馬祖人的夏淑華開始在馬祖資訊網貼出一系列文章，這篇〈月全蝕〉是其中的第二篇，述說長年住在台灣的夫妻倆人帶著孩子前往丈夫的故鄉北竿，隨著兒子對科幻故事、殲滅英雄的著迷，讓她聯想起曾經受到戰爭蹂躪的馬祖，天南地北的台北和北竿兩地竟重合起來。

其實文章揭櫫的馬祖人故事，如單打雙不打、燈火管制、撿心戰宣傳單、與軍人互動的經驗，如今來看無非老生常談，但何以使得馬祖人回味無窮，點擊率居高不下？這或許得連接到當時馬祖人正在經歷的「再發現」馬祖的歷程：一九九二年，馬祖因爲解嚴而告別戰地狀態，但當時的馬祖人口來到歷史最低點五千五百四十七人，僅巔峰時期的三分之一弱②，多數經歷過戰地時代的馬祖人已不在馬祖境內。

此時故事的浮現，證明馬祖人曾一度黯淡的故鄉經驗並沒有被忘記。例如〈月全蝕〉該文下方，有網友質疑八二三的砲彈並沒有落在馬祖、更遑論「單打雙不打」，換來馬祖鄉親強烈反彈，紛紛站出來指證有舊識因「單打雙不打」的宣傳砲彈而慘死，以及必須躲進防空洞的經歷。可見馬祖人雖然帶著戰地記憶來到了新世紀，但在有人願意將記憶編織成文、並付諸公衆之前，或許不得時機、或許有口難言，個人記憶尚沒有形成普遍認知。

後來夏淑華的文章發展成「雷盟弟」系列，以戰地北竿一名小男孩「雷盟弟」的視角出發，寫盡一九六〇、一九七〇年代戰地馬祖的怪誕。所謂的「雷盟」即馬祖語的「流氓」發音，而「流氓弟」的表述常用於親暱稱呼小男孩，該系列文章由遷台馬祖人陳天順（一九六三—）口述、出身台北的妻子夏淑華撰文，並在二〇〇九年集結成繪本《雷盟弟的戰地童年》出版，插圖也由陳天順包辦。陳天順是北竿橋仔人，國中畢業後就跟著家人來台。

② 直到二〇〇五年全縣戶籍人口才短暫回到一萬人，隔年又跌回九千人，可以看出馬祖住民已大量外流；地方沒有主要產業支撐經濟生活，即使因解除戰地任務而得到發展、興建大型建設（如機場）的機會，人口仍難以回到戒嚴狀態的「全盛時期」。

文章得到巨大迴響的另一個因素是平台。馬祖資訊網讓網友不受地理隔閡，尤其是分散在四鄉五島，甚至遷移到台灣、甚至其它國家的馬祖人，都能發文並得到回饋：

一次返鄉的機緣、一群熱情的鄉親、一個生氣盎然的馬祖資訊網，打開我內心的一扇窗，讓我得以暫時跳出工作的框框，溜出來欣賞外面的風景。在提筆寫下這幾篇返鄉文章的時光中，我彷彿回到我先生的童年，見到我逝去的婆婆，更加了解當年他們在外島生活的艱辛。

——夏淑華，〈最好的時光〉

不過，雖然夏淑華多次讚譽馬祖資訊網的「自由」，但此「自由」未必沒有侷限。觀察夏淑華筆下的馬祖，可看出其敍述總是懷舊、抒情的語調，描寫馬祖唯美的氛圍，例如她發表於馬祖資訊網的第一篇文章〈遺忘在橋仔村的時光〉有如下的文字：「曾經，家門前的兩棵大樹是賞海的躺椅，樹下的小圓石是全家的餐桌，如今餐桌依舊大樹無蹤，先生望著遠方的海，提起兒時看海的記憶：每當月亮出現在深深的夜裡，月光灑下的海面上，彷彿鋪著一條流動的金色地毯，當時年紀小無法形容，只是覺得好美好看。」連擅長針砭時弊的《馬祖通訊》在提到夏淑華時，也顯得溫情脈脈：「北竿風情在這位橋仔媳婦的款款柔情筆下，被詮釋得格外美麗而迷人。」

馬祖人在後戰地時代懷念巨變（即解嚴）前的「平靜」是可以理解的，不過某些戰地經驗在這筆法下，難免就稍嫌美化，如：「雷盟弟從小就生活在一大家子的和樂中，軍民一家的融居生活，老士官長就像自家的大伯。」劉宏文卻認為戰地時代所謂「軍民之情」未必是事實，他曾寫過：軍人與民眾混住於同一屋簷下，不免相互猜忌，特別是女性，不論已婚未婚，皆對此狀況普遍感到疑懼，其他成員也多半無奈。

小小的二層石屋，也被軍方看中，擠進一個班的兵力，原就淺陋的住所更顯狹小。他把樓上全讓給兵哥，自己和妻子、小孩在樓下灶邊鋪床，年邁母親只好擠進屋外柴房。

——劉宏文，〈失去聲音的人〉，《靈魂與灰燼：臺灣白色恐怖散文選．卷五》

因此，夏淑華所認知的「自由」，很可能源於其專注經營馬祖美好面，「投其所好」而換來馬祖人的正向回饋。如果她發展的不是懷舊美文，這個良好氛圍所烘托的「自由」恐怕得兩說。

研究過馬祖資訊網的人類學者林瑋嬪也承認，馬祖資訊網即使突破了地理格局，但馬祖地方的人情網絡也隨之上線。網路不是真空地帶，技術物沒有想像的讓人「超然物外」。雖然站方對「馬祖開講」版面上揭露、討論的民主實踐，及其帶來的流量感到自豪，但高度爭議也讓風吹草動都可能被解讀成政治操作。

此外，地方的年輕人也多有在公開場合或馬祖資訊網等對地方政治人物、有力人士表達不滿後，遭「長輩關懷」的經驗，例如家中長輩接到有力人士的「關切電話」或「喝茶邀約」，進而將壓力轉向年輕人。這是筆者許多馬祖友人的共同經驗，在閒聊中常常提及，卻礙於壓力，難見諸文字。因此，這樣的經驗多半只停留在同世代友人的心照不宣，很難訴諸「自由」的網路。單純以網路能帶來的改變有限，這也是「馬祖青年發展協會」之所以成立的理由之一：「馬祖人關係緊密，新一代馬青回鄉想做事的壓力其實滿大的，和長輩想法不同時容易變成標靶。」③

線上平台既然將原有的社會搬上網，自然不能根除本身存在於社會的負面現象，如抹黑、罵戰。在馬祖這樣的「小地方」，完全的匿名並不容易，總是能檢視蛛絲馬跡、動員人際連結以鎖定對象。曾有馬祖網友試圖以新的網路型態集結，例如二〇一八年短暫出現的臉書粉絲專頁「靠北馬祖」，開放網友匿名投稿。但「靠北馬祖」很快卽因匿名指控縣府圖利、舞弊，遭馬祖資訊網的網友熱議，縣府揚言提告後消失。甚至有網友意有所指地點名該專頁的爆料是「馬青」——

③ 錢麗安，〈馬祖不只藍眼淚，跟著馬青跳島玩不一樣的馬祖〉，《台灣高鐵車上刊物TLife》第一五二期，二〇二二年八月。

可泛指馬祖青年，或者專指馬祖青年發展協會——所爲。可見馬祖的世代對立明顯，在既有的人際框架下，即使試圖以網路「突圍」，仍須面對地方本身的特性所帶來的挫折。因此「自由」的邊界何在？網路能實踐幾分？仍有待馬祖人小心摸索④。

④ 不過後來「靠北馬祖」似乎以LINE群組形式復活，可見〈靠北馬祖？是靠北異己才對吧〉，馬祖資訊網，二〇二一年十一月十八日。

二、天眞又殘酷的戰地童年

不過對夏淑華、陳天順夫婦而言，二〇〇五年開始發表於馬祖資訊網所感受到的「自由」，顯然必須對比於一九七〇年代的戰地馬祖。

島嶼的禁錮，糾結成島民的命運之歌。雷盟弟忍不住感嘆，當年對岸困著我們，我們彷彿也被自己的軍管給困住，就像母親當年不能隨便討臘……就像爸爸不能隨便出海捕魚（幾點出海、幾點返航要事先向軍方打條報備），就像孩子們不能隨便到海邊游泳，就像雷盟弟獨自到海邊討臘要避開哨所及狂吠的軍犬……

——夏淑華、陳天順，〈爸爸不見了〉，《雷盟弟的戰地童年》

「禁錮」是馬祖文學常出現的意象，這正和前現代馬祖的「自由」大異其趣：馬祖過去位處帝國邊陲，即使在軍事封鎖（海禁）和商業開放的狀態間游移，但大致仍四通八達。就算因帝國的海禁政策「遷民墟地」，倭寇和海盜依然出沒頻頻，這是海洋之流動、而島嶼作為流動中途短暫歇腳處的特性；邊陲島嶼更是讓來自陸地的中央律法「鞭長莫及」，使得律法之外的「寇」或「盜」得以容身。

再者，直到「兩岸」封港以前，馬祖和周遭海域、島群同屬一個生活、文化與貿易圈。然而被軍事政權認定為戰地前線後，這些地域突然「可望不可及」——明明陸地、島嶼在視野以內，卻不被允許前往；國家雖然沒有能力在廣闊的海洋佈下封鎖線，但卻藉由軍事化的國家手段，如漁民證申請、出海審核、團進團出以安插眼線和相互監視等，施以嚴密的管制及監控，將漁民視為國家與社會「內在的敵人」治理。研究戰地政務體制下漁業的馬祖青年曹雅評便提出疑問：海上，究竟自由還是不自由？

這份「禁錮」、「受困」甚至「孤絕」的感受，可以說是戰地政務時代所形塑的特殊馬祖產物。過去馬祖與原鄉絡繹來往、自由航行，怎可能需要軍事口號強調「島孤人不孤」來虛張聲勢？以前的馬祖並不孤，是軍事統治陷它為孤島。因此正如前文提及的謝昭華，馬祖文學對於「流動」、「自由」的嚮往便十分強烈，尤其是圍繞著「孤島」的海和風，在《雷盟弟的戰地童年》裡就有類似的描述：「相對於風的自由、海的無拘，住在這座圍封的島嶼，何時才能像海鳥一樣展翅飛翔，擁有自由開放的心靈？」

對於馬祖而言，除了「島」與「孤絕」的連結，就連「島」本身，很可能也是現代化的結果。現代以前，馬祖自我指稱的語彙是「山」。劉宏文在〈寶姨〉中寫到：「『三年不見鑼鼓板，只見風浪爬上山』，山即是島，島即是山，東湧人也習慣以山稱島。」東引是東湧山，亮島稱「橫山」；牛角村人看見「對面山」有人牽著羊要逃回大陸；同島的鄰村人或要到鄰村的行為都稱「過山」，即需要翻越重重山巒抵達另一座山腳的澳口；大陸是「裡山」（或「厝裡」），馬祖是「外山」。前現代的地圖與海圖，確實有許多是以人的水平視角呈現，島群連綿近似於海上的山脈。但受軍事治理後，島嶼向內關閉，海上山脈不再，崩裂成一個一個咫尺天涯的孤島。

從「山觀」到「島觀」，似乎也是現代國家介入後，馬祖在人的意識裡發生的轉變。現代地圖的鳥瞰視角，拉高到離地表非常遙遠的距離，我稱爲神的視角。在這樣的視角裡，相對於過往海上群「山」的連綿，「島」明顯是孤立的。眾所周知，馬祖的現代化治理和軍事化封鎖幾乎同步發生，因此可以說，現代國家在馬祖生成了「島觀」——使馬祖揮別流動、連綿的「山觀」，而重新以「島」被認識與自我認識。馬祖與「島」、與「孤絕」的形象也因而被強烈連結起來，於是在龜山島、金門大擔島、馬祖大坵島這些被軍事化的島嶼，都留下「島孤人不孤」的戰地標語、精神喊話，聊充自我安慰。但在前現代的海洋世界裡，島嶼之間本就自由往來、互通聲氣。島並不孤。

陳天順、夏淑華的〈爸爸不見了〉一文記載了軍事治理下的恐怖感，甚至讓我們對耳熟能詳的課文「天那麼黑，風那麼大，爸爸捕魚去，爲什麼還不回家。」有了馬祖版本的詮釋。

有一天天黑了，但包含雷盟弟的爸爸在內，橋仔村裡一共兩艘漁船、十幾名壯丁都沒回來，後來從管道得知原來是被抓到對岸去了。雷盟弟因爲見識過霧季誤闖邊界而短暫來到馬祖的大陸漁民，所以潛意識相信爸爸也會像他們一樣，平安被送回來。等待的日子裡，相關單位送了慰問金來家裡。雖然爸爸沒讀過書，但有國小的識字程度，因此具有國民黨小組長的身分，相關單位也擔心，如果被共產黨查出爸爸有國民黨員身分，可能會「遭受特殊待遇」。爸爸歷劫歸來後，才知共軍確實偵訊了幾天，確認是一般漁民後便釋放遣返。爸爸雖然平安回到馬祖，卻又被軍方傳喚到南竿偵訊。

雷盟爸之所以能成爲黨員，很可能跟國民黨進入金門統治的做法雷同，金防部會在每個村選擇一名當地人當村長，只要符合會說國語、有讀寫能力的條件卽可。這些年輕人不能拒絕派任，否則就是抗命。不過他們相較於長期領導當地的宗族長輩，顯然更順從、願意與軍方合作，因此也成爲官方刻意培植的人選，以削減金門傳統仕紳的勢力。但無論對於金門或馬祖，之所以能這樣「低門檻」進入「統治結構」或得到黨員身分，都是源於國家軍事體制爲了有利控制而滲透地方社會。

雷盟爸雖然全身而退，但並不是所有馬祖漁民都能如此。一九九四年的《馬祖通訊》記錄了一場政治牢獄：〈叫「政治犯」太沈重！〉。兩名北竿漁民僅因一句話「今天氣候很好，風向、潮流也不錯，開到內地很近。」便受同船者密告，遭判五年徒刑，但他們不識之無，連自己的判決書都看不懂。要在一次夜間電影時間，才摸黑會面了兩位也因「投匪」遭重判的北竿人。可以說，關於國家恐怖統治的記憶一直潛藏在馬祖人心底，雖然他們未必諱莫如深、三緘其口，但也不常主動提起⑤。

不過在〈爸爸不見了〉文末，並沒有交代雷盟爸如何從軍方處脫困，而使用了美文傳統的上升結尾，讓敘事時間一舉來到當下，營造了時間上的「安全距離」以回首眺望，細數：漢賊不兩立時代已經過去、兩岸百姓生活已相互依賴，馬祖從昔日的煙硝烽火，轉變為閩東文化聚落和風景特定區；並用霧比喻封鎖，說如今霧已散去。

這個讓時間銷融一切的態度，誠然是一種以美文寫歷史的調性，但也可能跟作者選擇了童年敘事角度有關，讓《雷盟弟的戰地童年》讀起來冰火兩重天：既有童年故鄉的新奇熱鬧，又有軍事統治的冷酷森嚴，甚至會出現只有童年敘事者的「天眞」口吻能製造的恐怖反差。舉一例子：雷盟弟和同伴們會守在靶場旁邊，等射擊一結束就衝上去從沙堆裡挖出還熱著的彈頭，收集回來後放在空罐裡加熱，等彈頭裡的鉛被提煉出來，賣得的錢和同伴平分，能買麵筋和豆腐乳給自己加菜。這聽來十分危險，但在雷盟弟眼中又理所當然，畢竟這是因應戰地滲透進日常的統治而衍生出來的經濟活動。

又如描寫母親爲了「討沺」(thǒ la)，必須避開雷區與海岸哨所的監控：

⑤ 研究者林傳凱曾提及偶然與劉宏文聊到其曾於「海堡部隊」服役的舅舅也是政治犯，劉宏文甚驚訝，可知馬祖人日常生活並不作興主動議論自身「案件」；然而林傳凱也指出再次拜訪該名政治犯曹常來先生時，曹常來鉅細靡遺提起被捕、囚禁的往事，可知馬祖人也並非如某些猜測所言，寧願遺忘過去、拒絕表達、堅不吐實。

「嗶——嗶——嗶——嗶——」這時制高點上哨所的衛兵，對岸邊下方的情況一目瞭然，他先是吹急哨斥喝，緊接著，丟小石子驅趕，因為這邊是地雷遍佈的海岸管制區，地勢險峻十分危險。只見依哺不慌不忙，帶著雷盟弟躲進岩石縫。

「沒關係，一下子就好了，只要不在哨兵的視線範圍，走遠一點就沒事了！」每次都這樣，依哺總是這麼安撫。

——夏淑華、陳天順，〈澳口的紫菜〉，《雷盟弟的戰地童年》

「討沰」（夏淑華、陳天順寫成「討臘」）指的是在海水浸潤的礁石處採集貝類、藻類，對馬祖人而言是日常的海岸活動，家中男性出海捕魚、女性「討沰」的「分工」相當常見。在這段敘述裡，馬祖人試圖維持著「國家」來到島嶼前的生活方式，然而中華民國雖然為馬祖帶來了現代化，但也以軍事化覆蓋了原先島嶼的日常生活。島嶼人民和軍事佈防的短兵相接讓人冷汗直流：

一天，依哺與雷盟弟一起穿過雷區……這也是雷盟弟第一次這麼近距離看見草叢裡的地雷。它與平時埋在岩岸上的地雷不同，有個爪子般的裝置……這天，

依哺走得匆忙，褲管不小心勾到地雷的爪子，當時還以為勾到芒草梗，竟用力地拉扯褲管，回頭一看，原來勾到地雷嚇出一身冷汗……依哺說：「今天真是命大！」

——夏淑華、陳天順，《澳口的紫菜：強灣捏的地雷》，《雷盟弟的戰地童年》

爲了阻絕敵區「水鬼」攀爬上岸，馬祖的海岸部署相當嚴密，從海面往內陸分別有水雷、軌條砦、玻璃刀山、刺絲網、瓊麻，再來是海岸雷區和哨口。因此採螺卻被本該防禦敵人的地雷炸死的情況並不罕見，漁民出海也必須閃避這些重重措施，軍方通常只會開一小口讓漁民進出，漁民和討沰者的海岸空間利用皆被壓縮。遲至二〇一一年南竿還在進行掃雷工作，二〇一三年才宣布金馬成爲「無雷家園」。可以說戰爭的陰影拉得很長，一直籠罩在馬祖的土地上。

這個情況也讓曾經親海、以海爲生的馬祖，淪爲「恐海的漁村」。謝昭華在《綠龜飛翔》中這樣說過：「對我而沿海一直是陌生的……陌生的原因不是沒見過它，而是無法親近。學校裡老師也一再耳提面命不准學生接近海岸。」不識「藍眼淚」，以致於使它以「藍眼淚」之名被「重新發現」，也是疏離於海洋的症狀之一。

也因爲戰地政務體制對馬祖空間的限制、對馬祖人的軍事規訓，如民防隊集訓義務和前面提及的漁業管控，導致漁獲等海上經濟已很難維持生計。「雷盟弟」陳天順在受訪時便曾表示，之所以十六歲就離鄉背井到台灣，很可能是父親討海已沒有能力養活一家，因此哥哥姐姐先到台灣就學當童工，再來是父親，最後他國中畢業母親才帶他赴台。雷盟弟家庭的遷台，也是一九七〇年代馬祖遷台潮的縮影：一批一批馬祖人離開受困的孤島，來到在歷史上並無特別牽連的「後方」台灣，並在經濟起飛的加工出口時代，嵌入台灣的工業經濟生產鏈。我的外公外婆也是在同一時代，陸續把包括家母在內的全家人送來台灣。即使二〇〇〇年代寫作時重探一九七〇年代的告別馬祖，雷盟弟一家對故鄉的最後一眼仍充滿感傷：

海洋是討海人真正的家園，漁人離開船就如同船上了岸……雷盟爸到了臺北

> 後，自己變成了討生活的一艘船，推著麵攤……對居住在小島的居民而言，臺灣的富足安定，有如一塊磁鐵……臨行前，依哺裝了一罐家鄉的沙，她內心隱約知道，這一別，這個家就很難再回來了。
>
> ——夏淑華、陳天順，〈雷盟爸的船〉，《雷盟弟的戰地童年》

一九七〇、一九八〇年代，來自中共的威脅其實與日俱減，但是金馬的軍事化卻未因而放鬆。學者宋怡明認爲此推力是政治、而非軍事考量：誇大中共對台的威脅，其一能穩定逐漸動搖的國際支持，其二則鞏固國內統治的正當性。所以我們或許能說，馬祖的戰地身分從未脫離其工具性：前期爲軍事目的，後期爲政治宣傳目的，但償付代價的是住民，包括被迫選擇離開故鄉的馬祖人。「後方」台灣在馬祖的翼護下，能免除全島軍事化、基地化的命運，成爲「前線」島民渡海遷移、安居樂業的容身之處。

若說馬祖島嶼的土地是家鄉，則語言或許可視爲家鄉的延長。在台灣妻子夏淑華的代筆下，許多內容都試圖表達馬祖話：

「ㄙㄧ在！哈烏蹦響ㄎㄩㄣˊ（馬祖話：「唉呀，蝦蛄捕一堆！」）！」雷盟爸嘴上念著。

——夏淑華、陳天順，〈海蜇皮之味：鮸魚與蝦蛄〉，《雷盟弟的戰地童年》

或者「『ㄇㄟ ㄐㄧㄝ！』（馬祖話「不易氧化」之意）」、「ㄧㄚ好！ㄧㄚ總！（馬祖話：好啊！眞漂亮！）」……等等，不勝枚舉，通常是以注音或者音近的字去「貼」馬祖話口語，之後再以括號加註或後文解釋。標題的「雷盟弟」也是類似的用法。

當代台灣開始注重本土語言的傳承，類似用法常被批評爲「台語火星文」，並指出以華文表達本土語言的不足。然而在「雷盟弟」連載、出版的年代無可厚非，在通用字和標音方式還沒有標準化與普及之前，不失爲將本土語言壓縮進文字的嘗試，至少在閱讀時能夠使我們察覺到，戰地時代的馬祖確實曾是「兩個聲」的「雙語環境」。

參考資料

* 林瑋嬪，〈線上馬祖：網路社群與地方想像〉，《考古人類學刊》第八十五期，二〇一六年十二月。
* 劉家國，《我的家鄉是戰地：金馬問題面面觀》。自費出版，一九八八年。
* 夏淑華，〈月全蝕〉，馬祖資訊網。
* 〈人民篇：第二章　人口〉，馬祖資訊網。
* 夏淑華、陳天順，《雷盟弟的戰地童年》。新北：二魚文化，二〇〇九年。
* 夏淑華，〈最好的時光〉，馬祖資訊網。
* 〈人物短波：馬祖媳婦夏淑華，爲夫婿寫童年〉，馬祖資訊網，二〇〇五年十一月十六日。
* 夏淑華，〈雷盟弟：遠方的童年〉，馬祖資訊網，二〇〇五年十月二十七日。
* 劉宏文，〈今天有無船？冷戰時期馬祖遷臺居民的關注與選擇〉，江柏煒主編，《馬祖：戰爭與和平島嶼國際學術研討會論文集》。連江：連江縣政府，二〇一八年。
* 劉宏文，〈失去聲音的人〉，《靈魂與灰燼：臺灣白色恐怖散文選．卷五．失落的故鄉》。台北：春山，二〇二一年。
* 〈關於靠北馬祖上的匿名指控縣府圖利與舞弊〉，馬祖資訊網，二〇一八年八月三日。
* 林傳凱，〈北竿海上的三群小船：重探馬祖列島的空間重構與國家化歷程（1950-1960s）〉，「地理學與歷史學的對話」工作坊。國立臺灣大學地理學系，二〇二三年七月。
* 連江縣政府，〈議會定期會登場，縣長爭取明年度預算案支持〉，北竿鄉公所官方網站。
* 曹雅評，〈捕魚好苦啊！戰地政務體制下的馬祖漁業及漁民家庭處境〉。台北：世新大學社會發展研究所碩士論文，二〇一七年。

第三節　說馬祖話：在地作家的閩東話書寫

一、尋聲：《鄉音馬祖》

「兩個聲」、「二個聲」，或「兩家聲」（lǎng ngā liang），原意是指口音與福州人不同的人，多指北方人以及不會說福州話的人。不過，「兩個聲」在馬祖的語境中幾乎只特指國軍。在這意義下，「兩個聲」一詞可說是象徵了馬祖從福州等其它的閩東語區「脫落」出來，受到中華民國國家化與軍事現代化的重要轉折。

村裡開雜貨舖的、擺撞球台的、開澡堂的、洗衣服的，得生意之便，與「二個聲（軍人）」常有來往，久了彼此相識，見面問一句：「你們有沒有潘？」七嘴八舌比手畫腳，終於議好價錢。

——劉宏文，〈擔潘水〉，《鄉音馬祖》

「潘」是餿水、廚餘。劉宏文在文中指出其原意是淘米汁、洗米水，但經流轉假借，雖仍保持古音，但已淪爲餿水。在馬祖，部隊伙食一般比民間好，除了有香噴噴的大米飯，炒菜時甚至有豬肉罐頭，和鄉人們沒油沒料的剩飯剩菜天壤之別，因此部隊伙房的「潘」就成了覬覦目標，畢竟部隊的「潘」油水豐富，豬崽吃了一暝大一寸。軍民的互動就是兩種語言、「兩個聲」情境的體現：馬祖人爲了經濟生活而前往部隊詢購「潘」，需「七嘴八舌比手畫腳」。

馬祖作家劉枝蓮在〈二十天的風暴：紀實七十四軍來馬祖〉中，描述七十四軍登陸馬祖的故事，其中也有「兩個聲」造成的誤解。一九四九年八月十九日，七十四軍成爲第一支登陸馬祖的國軍，可以視爲馬祖遭捲入國共戰爭、因政權隔海對峙而淪爲「前線」的第一步。七十四軍多來自北方，口操「國語」，和來自福建省長樂、連江一帶爲主的馬祖居民口中的「福州話」語音不同，這樣的「兩個聲」情境也包含了恐懼：剛上岸的軍人和鄉人雞同鴨講，問「有沒有雞」，婦人誤解，答以：「沒有妓，都是老人。」軍人說：「老雞也好。」「嚇得婦人花容失色，口中直說：「『ㄉㄤㄚㄉㄧㄤ』（兩個聲福州話發音）要抓女人，連老女人也要……。」

謝昭華也寫過，發生在台灣的「方言羞辱」，馬祖也不曾少。學校裡老師常告誡方言是粗鄙不雅的——即使它是母親的語言，即使父親用方言讀報、朗誦古籍有優美尾韻，但學校的規訓與懲罰仍讓少年謝昭華羞於啟齒；即使由國家定義、有更高地位的所謂「國語」，其實才是南腔北調，「完全不知所云」。學「國語」時，因爲鄉音影響，讓島嶼學童總是ㄢㄤ不分、ㄘㄔ難辨，搭船成搭床，穿衣變窗衣。至今這還是馬祖的「鄉音」。

劉宏文（一九五四—）出生於戰地時代的馬祖南竿珠螺村，在島上讀到高中畢業後赴台升學，後一度返鄉任教，再赴台，直到退休。因此劉宏文的母語、第一語言是馬祖福州語，又稱馬祖閩東語或馬祖話。在散文集《鄉音馬祖》（二〇一六）中，聲音、語言是貫穿全書重要的軸線。劉宏文模仿村子裡軍派的副村長口音時，便生動寫道：

一位約莫五十多歲的老士官，操著濃重的口音，對伊木伯說：「你們這塊地要建放恐東（防空洞），不能種底瓜（地瓜）了！」……防空洞建好了，左右各一個開口，固若金湯，好像一座鐵堡：「就算共產黨打鴛子丹（原子彈）過來也不怕！」

——劉宏文，〈防空洞〉，《鄉音馬祖》

對照《雷盟弟的戰地童年》以華語「貼」馬祖話，此處劉宏文反而把軍派副村長口音濃重的「國語」給「火星化」（放恐東、底瓜、鴛子丹），這種寫法突出了馬祖本地人的觀點：對馬祖人而言，這些登陸後強勢滲透進地方生活的政權代理人及他們口中的「標準」語言、「國家」語言，才是陌生、異質的；以變音的華語去表現他們的腔調，除了質疑應該齊一、且自稱勝過「方言」的所謂「國語」，也尖銳地展現「國語」之於馬祖列島的扞格。

馬祖早年確實受到「國語」的入侵，但政府後來開始在台灣徵召義務役，這些年輕台灣子弟多是低階的一兵、二兵，互說台語。因處底層，訓練或勤務有差錯時，會受長官以「國語」斥責和處罰，故馬祖人稱他們「台灣囝」、「台灣憨」，頗有物傷其類的味道。對馬祖人而言，台語是底層士兵溝通的弱勢語言，而這些「台灣囝」和馬祖人的溝通，只能透過「國語」。

根據二〇二〇年行政院主計總處的數據，「國語」作爲馬祖的主要使用語言，比例達到百分之九十一點七，高居全國之冠；次要使用語言則爲閩南語百分之四十一點二，超過包含馬祖話在內的「其他語言」的百分之三十六點三。說馬祖是台澎金馬最「國語」的地方，或許也不爲過，但同時馬祖受台語的影響也相當大。作爲邊緣島群，馬祖既受「中華民國化」又受「台灣化」：過去面對威權中華民國時，台灣和馬祖都被「中華民國化」，但隨著台灣本土意識的崛起，馬祖又一定程度地被「台灣化」。曹雅評在比較沖繩與馬祖兩座列島時，指出沖繩處於「既是日本又不是日本的結構」，而馬祖在「既是中國又不是中國的台灣」之下，又在「既是台灣又不是台灣的結構」之下，覆蓋著重重矛盾與糾結。

如果一路追蹤閱讀，會發現劉宏文的母語本字之路也在與時俱進。從二〇一六年的《鄉音馬祖》，到二〇一九年的〈失去聲音的人〉，他對「船老大」（掌舵者）的用字就從「老艄」變「老艜」。隨著挖掘母語寫作愈深入，可供考量的「本字」選項就愈多，讓作家能口占母語、下筆琢磨，找到更適切的用字。

二〇〇〇年以來，馬祖地方作家或研究者陸續投入了地方語言的編撰、教育與推廣。馬祖閩東語（福州語）於二〇〇一年開始出現在縣內國民小學的教材[1]，出身馬祖的台大中文博士陳高志，則從二〇〇五年開始在網路上對閩東語進行辨析[2]。

近年馬祖母語復振的力量也漸趨強勁，如馬祖青年發展協會的「盼嗡」俱樂部（本字「攀講」，聊天之意）在二〇一八年召開，邀請耆老教學、對談；二〇二〇年，出生於一九八八年南竿鐵板村的曹辰瑩開啟閩東語 YouTube 頻道「掐米亜店」，從「只會聽、不會講」的狀態，到二〇二二年通過閩東語文直播共學的師資培訓，並通過認證考試，成爲青年母語自救的代表③。

陳高志、劉宏文與曹辰瑩在近年都有母語／馬祖話創作，不約而同以歌曲塡詞或者短詩爲主，除了篇幅較短，也因歌曲是「發聲」的藝術型態，更關注口語、音律以及韻腳，對馬祖話使用者而言或許比書面語文更順手、親近。如陳高志的〈眩船〉：

風透船比擺（強風使船隻搖晃得厲害）
倪囝泣虧告娘嬭（小孩子難受得哭著叫媽媽）
怨命怨做愆（衰啊，我做了什麼孽啊）
小姐眩船吐我骹邊（有位小姐暈船吐在我腳邊）

去糞池（上廁所）

手著擒（手要抓牢）

——陳高志，〈唱歌說故事：〈眩船〉——搭船憶往〉

① 筆者於二〇一七、一八年於縣內小學任教時，也確實有一星期一堂的福州語課程。不過值得注意的是，教材內使用的是福州市福州語音，而非馬祖強勢的長樂腔福州語音。據筆者任教時接觸的本土語言教師稱，因爲當時教材是請對岸福州語老師撰寫，因此其發音、標音皆與馬祖本地有所差異。

② 前述的「馬祖閩東（福州）語注音符號」、「馬祖閩東（福州）語羅馬字拼音方案」皆於二〇〇九年頒布，蒐羅馬祖傳統文化與方言的網站「攀講馬祖」則可追溯到二〇一〇年。還有官方或民間陸續創立的網站，如馬祖閩東（福州）話日常生活常用詞彙、馬祖福州語本字檢索系統、馬祖平話（福州音）四聲字典，或者中國的榕典等系統建置，使文字與標音系統更具可及性，能相對簡便地幫助寫作者將馬祖話「落實」成文字。

③ 可以參考 YouTube 頻道「本土語文直播共學」的「閩東語文直播共學師資招募宣傳影片：徵的就是你」及「究竟直播共學是什麼？QA問答：閩東語文版」兩則影片。該師資制度源於二〇一八年底通過的《國家語言發展法》，通行於馬祖的閩東語文和閩南語文、客語文、原住民族語文並列爲規劃實施課程的本土語文。陳高志和劉宏文皆受邀投入「本土語言直播共學」的閩東語師資招募行列。

劉宏文的散文〈補給船〉也寫過，「中建號」補給艦於民國四〇、五〇年代成爲台灣和外島間海上補給的重要載具，由於是軍船，談不上什麼設備和服務，因此搭船對馬祖人而言是痛苦與屈辱居多。其中痛苦多半來自馬祖人相當「嫻熟」的暈船體驗：狹小的船艙內，十二小時的漫長航程，嘔吐聲此起彼落，孩童哭聲淒厲，穢物四處漫漶。因此陳高志的馬祖話詩作傳達的就不只是「獨特」的馬祖集體經驗，更直接進入了馬祖人痛苦的「內面聲音」。

除此之外，二〇二一年，一群馬祖年輕人因應 COVID-19 疫情，將原本在馬祖舉辦的「島嶼大學」活動改爲線上舉行，其中曹辰瑩便受邀填詞，以琉球奄美群島的方言「島唄」（しまうた）——「島」不只指島，更有故鄉的涵義；「唄」則是歌——爲題，描寫一群朋友帶著零食出門郊遊，踏上山坡那邊的彎彎小路：

餅乾蜀半，水果蜀碗（一碗），你的碎食是什乇款？（你的零食是哪一款）
碟碟盤盤，瓶瓶罐罐，安使帶出喔環蜀環？（要不要帶出去逛一逛）
約好點半，包包蜀摜，好天氣給我們作伴

山坡那邊，小路彎彎，行到無路也會使換（走到沒路也可以換）。

——曹辰瑩，〈馬祖島唄〉

輕鬆的情狀已經和從戰地時代活過來的陳高志明顯不同，敘事空間甚至不再搭船往返台灣，而是就留在、發生在馬祖島這座故鄉上。

劉宏文在接受陳泳翰訪問時曾表示，大量使用馬祖話詞彙寫作，最初並非爲搶救語言的遠大理想，而是基於文學創作的直覺，認爲如此才更能表現家鄉特色。劉宏文在二〇〇九年教職退休前後才開始密集從事散文創作，此前和馬祖的聯繫中斷了三十多年。二〇一一年一場以「馬祖意象」爲主題的音樂會在國家音樂廳公演，讓他動容，反思起：「馬祖明明是我生命中如此重要的一塊，爲什麼過去這些年都給忽略了？」進而「再發現」起馬祖。此後一步一腳印，以書寫贖回曾經失落的故鄉。

這樣「再發現」馬祖的歷程並不是個案，前文提到的陳天順，也壓抑了戰地經驗長達三十年，直到在馬祖資訊網上創作，才逐漸釋放被埋藏的記憶。除了城鄉差距帶來的自卑，馬祖人的勤勞、馴服也排擠了台灣勞動力，造成來台馬祖人受到排斥與歧視。除此之外，嚴苛的戰地政務體制帶來的創傷，或許也是馬祖人試圖在記憶中「掩埋」馬祖的原因。

二、失聲：白色恐怖和「國」語的反思

林光興把錨纜駛到關嶺附近，放下連江人，再回黃岐。不久，載運海堡連江人的事被黃岐共產黨知道，他們扣押林光興，半個月後家屬找關係、花錢、上繳一支殼駁槍、外加八兩黃金，才獲保釋……那幾個關嶺下船的連江人，行徑被共產黨識破逮捕，就地槍決。林光興非常害怕……連夜避走西洋島，那邊的共黨勢力還未滲入。

——劉宏文，〈失去聲音的人〉，《靈魂與灰燼：臺灣白色恐怖散文選．卷五》

馬祖身處國與共兩個政權夾縫的尷尬處境，在劉宏文〈失去聲音的人〉有具體的呈現。西洋島，被稱爲「馬祖失散的兄弟」，位在馬祖列島北方、東引島的

西北方，現在是中華人民共和國國土。西洋島到一九五〇年還是「馬祖行政公署」管轄的八區之一，至一九五三年前國共雙方輪流占據，同年七月失守。

文中的林光興老家在靠近北竿的黃岐半島——二〇〇一年開始，北竿至黃岐間設有小三通船班往返，可見兩地之近，歷史上亦聯絡緊密——林光興平時遊走於平潭、竿塘、白肯、浮鷹、四霜、西洋等島嶼收購魚鮮後，再到福州、長樂等城市換取布料、粉干、粗鹽等，賣到並不生產或較缺乏這些生活雜貨的離島。這些島嶼和沿岸城市都說福州話，惟口音稍有不同，因此林光興的遊走順理成章，這片海域本來就是同一文化圈、貿易圈：「被判刑的六人，他們幾代居住馬祖，一直都這樣來往內地與外頭山，賣魚貨、購衣食」然而上述一連串島嶼，如今只有竿塘（南北竿）與白肯（西莒或東西莒）屬於「馬祖列島」。

雖然一九五〇年國民黨已站穩了竿塘、白肯，但周邊海域與島嶼的國共勢力仍模糊不清、交替不斷，因此林光興從反共的海堡部隊守備的白肯購回鯧魚，運回已是共黨勢力範圍的黃岐便遭扣押，於是他逃往福州，再轉逃「共黨勢力還未滲透」的西洋島。然而對這些舟楫往來的漁民而言，實在不懂什麼「國民黨」、「共產黨」，尤其不懂爲什麼失敗的國民「噹」、「兩個聲」可以不准他們把船駛到對岸？

眼鏡軍官似乎永遠不滿意供詞，一陣又一陣毒打，他妄圖用扁擔逼迫陳良福承認替共產黨做事。劇痛之下，甚至有一刻，陳良福希望自己真的曾被共產黨指派，這樣就能說出一些讓眼鏡軍官點頭的事實，就能避過凶狠的扁擔……

——劉宏文，〈失去聲音的人〉，《靈魂與灰燼：臺灣白色恐怖散文選．卷五》

此處最醒目的，是劉宏文同時處理了兩個「國家」暴力。因爲漁民的謀生必須離開陸地、前往控制不到的海洋，所以無論是國是共，都同樣視在邊界遊走的漁民們如準通敵者，對他們進行控制與防備。這也是「冷戰」的眞義：境外好像無戰事，但境內卻遭受國家力量嚴苛的整肅和壓制——並以境外有敵爲名義。國家對地方的覆蓋，也處於爭奪輪替、游移不定的狀態。顯然，劉宏文關切的軸線並不是國對共或共對國這種還殘存冷戰特色的立場選定，而是更根本的「底層邏輯」：國家、政權對人民施展的暴力。

他們在北竿被捕，送南竿刑求，再送台灣審問。然而在台灣，陳良福也意識到自己已然置身在全然陌生的天空下，這裡的人說話聲調與家鄉不同，家鄉的兩個聲情境在異地依然難以逃脫。沒有人跟他有相同的過去，他既無法聆聽，也無法開口；當別人咆哮，他找不到回嘴的語彙。

> **誠實曾把自己帶入黑暗的牢獄。而他現在明白，「沒有聲音」才能保護自己，才能拋開人際地獄，才能脫離痛苦的日常。**
>
> **——劉宏文，〈失去聲音的人〉，《靈魂與灰燼：臺灣白色恐怖散文選．卷五》**

篇名「失去聲音」於是有了不同的意義，它既是指「出了聲音、交代了原委」依然會被司法（軍法）系統構陷入獄；也是指「兩個聲」情境：闖入陳良福家拘捕的兵吶喊的是「普通話」：「站起來！不許動！」厲聲責問陳良福的軍官說的是：「你是不是臣兩復（陳良福）？」而陳良福聽不懂，只能口中喃喃：「窩補雞倒，窩補雞倒！」審問時需要帶腔調陌生的福州話翻譯，影響他人生的審判結果也要靠翻譯才能了解。「失去聲音」指的是從頭到尾他就在意義上被噤聲、被消音、被「失語」。而覆蓋了他的聲音的，正是那象徵了國家暴力的南腔北調的「普通話」——「國」語。

至此，便可再回頭理解何以劉宏文作品總念茲在茲於馬祖「鄉音」。因爲他成長的年代，馬祖話不僅在物理上遭壓制（不准說方言＝不准發出方言的聲音），社會上被放在靠後的階序，僅限流通於家戶內等非正式場合，政治上也象徵著你是國家必須重重戒備的敵人。卽使發出聲音，也無法自我申辯，因爲國家聽不懂也聽不見。從「鄉音馬祖」寫到「失去聲音」，正是對此歷史過程的回顧：首先從已近乎「國語列島」的家鄉出發，以母語鄉音記錄過往，再往前追溯到何以鄉人「失去了聲音」，以致變成了今時今日的「國語列島」。

對白色歷史的凝視，也頗有破除馬祖曖昧的「軍事現代性」的苗頭。宋怡明認爲，馬祖本身是脫胎於軍事化時期的產物，是政府的人爲過程創造了馬祖認同感、共同利益以及社區意識。因此，雖然軍事化帶來的箝制之多、傷痕之深，卻難以否認軍事政權亦帶來了現代化資源，使馬祖得以「發展」。所以馬祖人即使到了當代，仍然對戰地歷史評價複雜。然而，劉宏文的寫作立場鮮明——不是國或共、藍或綠的黨派立場，而是以手無存鐵的人民揭櫫國家、政權之殘酷的立場——可能正是個契機，從長久以來馬祖難以評價國民黨軍事統治的狀況中脫離，萌芽出對「國家」的省思。

雖然在台灣文壇、書市及知識界，白色恐怖已是研究與寫作的熱門話題，然而在馬祖，調取記憶的工程仍僅剛開始，相關的活動也多委婉以「白色記憶」稱之，而不常使用相較「政治化」的「白色恐怖」，讓鄉人不至於第一時間感到排斥。此「白色記憶」甚至可以說恰合前文戰地政「霧」的意象：霧季馬祖白茫茫一片，島上籠罩著戰地政務體制，島民的聲音被統治者代言。即使戰地政務結束後，惶惑的記憶也不知能對誰釋放。

這也可以說明，何以劉宏文專注寫作的總是戰地時代、尤其是耆老的記憶；跟台灣本島對白色恐怖的挖掘相較，馬祖確實開始得太晚，許多耆老已經帶著記憶「潛入歷史的無記憶裡」④。劉宏文幾乎是島上受識字教育的第一代，他的上一輩人沒有「自己發出聲音、自己留下記憶」的能力，劉宏文必須搶救記憶。

值得注意的是，一九九〇年代後各地地方文學興起，台灣本島多是爲了突破大中華意識形態、中國民族主義等箝制，懷抱著台灣國族意識，發展出「尋根」、「探源」，目的是爲了描繪家鄉、理解台灣，進行國族式的地方文學史建構。然而這可能有台灣本島主義的侷限。馬祖文學獎確實在各地方文學獎紛紛湧現的脈絡下創立，但馬祖文學顯然並不能直通台灣的地方文學所集體建構、擁護的台灣本土或台灣國家。如謝昭華爲劉宏文《鄉音馬祖》所作的序：

④ 參見《靈魂與灰燼：臺灣白色恐怖散文選・卷五・失落的故鄉》編序：「這部選集已然遲到太久，將近一個世紀過去了，無數青春的見證者，已經帶著他們各自珍貴的記憶，潛入歷史的無記憶裡。」

……這些原先並不特異的方志紀錄，卻因為列島的歷史背景，有了與台灣本島鄉土文學截然不同的內涵，使之在中國大陸……之間異軍突起，展現與兩岸文學不同的風貌。

——謝昭華，〈情怯鄉關：後現代雜音裡的異端〉，《鄉音馬祖》

馬祖顯然沒有把自己塑造進台灣國族裡。究其實它非處於本島、和「台灣史」的關聯薄弱，皆使它沒有辦法如同其它台灣縣市（甚至包括澎湖）一般理所當然地取得「台灣性」，或理所當然地擁有被承認爲「台灣的一部分」的資格。馬祖文學因而天生有一份不同於台灣的異質性⑤。

馬祖不像金門一樣有強烈的歷史榮光，能和台灣正面仙拚仙⑥；馬祖有的是另外一條路徑，一條逃逸於國家律法、繞過龐大國族敍事的路徑，祖輩海盜式的路徑。所以，雖然馬祖地方文學也走到了揭露、質疑「中華民國」軍事統治的一步，似乎和台灣地方文學偶然站到了「結盟」的位置，但對台灣性——台灣本土意識形態或「台灣國家」的打造——卻未必這麼無庸置疑、心悅誠服。

我稱這樣的馬祖樹立的是一種與台灣「『合』而不同」⑦的主體：馬祖和台灣固然都曾經受到「國家」如白色恐怖的荼毒，也顯示了對國家暴力的抗拒與省思；但此「白色恐怖」未必全等於彼「白色恐怖」——那處在海洋、沿岸、群島的邊界模糊，與硬被「國家」、「政權」切割開來的共同生活圈，是和台灣的白色恐怖全然不同的經驗，它們不應被一概而論，或廉價地認為有共同的被害經驗因而必然油生一個彼此理解的「共同體」。

⑤ 最基礎的包括與台灣相隔的物理性質：從過去馬祖被帶往台灣的北竿漁民們，到當代馬祖文學獎的寫作裡，總要跨過海洋或天空，才能來往馬祖。對長久生活在台灣本島上的人們，這種身體感覺和「出國」大同小異——難怪會問「去馬祖要不要帶護照」。

⑥ 金門相當顯著地將興起的台灣本土、台灣國族視為「他者」，對「台灣中心」爭辯、協商。所以金門文學有向前銜接光榮歷史、試圖「超克」台灣，以樹立起金門主體的傾向。

⑦ 規範用法是「和而不同」，此處以「合」字強調馬祖與台灣是被強制「整合」為一體的國家「組合」，但內部實際上既「不同」，也未必「和」。

綜觀馬祖文學的發展，雖已踏出突破性的一步，但目前似乎尚未有能量處理和方興未艾的台灣「國家」之間的關係。然而那終究是具強制性、能合法施展暴力的「國家」，而且是對馬祖的「忠誠度和精純度」⑧一直有所質疑的「國家」（和支持這個「國家」的人民群眾），比如反覆出現的「可割可棄」爭議。如何面對這個新興「台灣國家」思潮，也許是馬祖新一代文學的挑戰；馬祖文學內建的，對國家、政權的距離和反思，也將是台灣稀缺而珍貴的資產。

⑧ 語出朱西甯於鄉土文學論戰期間，質疑提倡「回歸台灣鄉土」的作家：「在這片曾被日本占據經營了半個世紀的鄉土，其對民族文化的忠誠度和精純度如何？」多年後的馬祖，似乎換受部分台灣人如此質疑。

參考資料

*劉宏文，《鄉音馬祖》。連江：連江縣政府，二〇一六年。

*劉枝蓮，〈二十天的風暴：紀實七十四軍來馬祖〉，江柏煒主編，《馬祖：戰爭與和平島嶼國際學術研討會論文集》。連江：連江縣政府，二〇一八年。

*林瑋嬪，〈線上馬祖：網路社群與地方想像〉，《考古人類學刊》第八十五期，二〇一六年十二月。

*劉宏文，〈失去聲音的人〉，胡淑雯、童偉格主編，《靈魂與灰燼：臺灣白色恐怖散文選．卷五．失落的故鄉》。台北：春山出版，二〇二一年。

*陳登堯，《從大陸福建到外山：馬祖陳經遲的故事》。桃園：銘傳大學公共事務學系碩士在職專班學位論文，二〇一五年。

*宋怡明（Michael Szonyi），黃煜文、陳湘陽譯，《前線島嶼：冷戰下的金門》。台北：臺大出版中心，二〇一六年。

*劉家國，〈叫「政治犯」太沈重！〉，馬祖資訊網，原文寫於一九九四年六月八日，網站張貼於二〇〇三年七月二十三日。

*吳祥瑞，〈馬防部指揮官勘察南竿散雷區域〉，《馬祖日報》，二〇一一年五月三十日。

*詹婉如，〈終結地雷！臺灣含離島金馬將正式宣告為無雷家園〉，《馬祖日報》，二〇一三年六月七日。

*謝昭華，《島居》。台北：聯合文學，二〇一六年。

*陳威錡，〈「這樣母湯」？從台語火星文談本土語言的流失〉，觀策站，二〇二〇年五月二十七日。

*劉枝蓮，〈七十四軍來馬祖（一九四九～）〉，《天空下的眼睛：我的家族與島嶼故事》。新北：遠景，二〇一六年。

*劉宏文，〈今天有無船？冷戰時期馬祖遷臺居民的關注與選擇〉，江柏煒主編，《馬祖：戰爭與和平島嶼國際學術研討會論文集》。連江：連江縣政府，二〇一八年。

*陳高志，〈唱歌說故事：〈眩船〉——搭船憶往〉，攀講馬祖，二〇一九年六月三日。

*陳泳翰，〈馬祖有很多故事，只是從來沒有人把它寫出來〉，《新活水》網站，二〇一八年九月二十五日。

*林金炎，〈馬祖失散的兄弟：西洋島〉，馬祖資訊網，二〇一七年八月二十八日。

*宋怡明（Michael Szonyi），〈馬祖及金門：20 世紀地方軍事化的比較研究〉，江柏煒主編，《馬祖：戰爭與和平島嶼國際學術研討會論文集》。連江：連江縣政府，二〇一八年。

*〈馬祖戰地文化守護網 22 日線上講座：失去聲音的人——馬祖人的白色記憶〉，《馬祖日報》，二〇二一年七月

十九日。
＊林宏信，〈觀察一九九〇年代後地方文學的興起與發展：以金門文學爲觀察對象〉。嘉義：國立中正大學台灣文學研究所碩士論文，二〇一〇年。
＊介壽中小學，〈連江縣國小福州語教材（90年版）教學資源一覽網頁〉，馬祖資訊網，二〇二一年四月二十日。
＊陳高志，〈閩東方言本字考述說：掄〉，馬祖方言天地，二〇〇五年七月四日。
＊李鴻駿，〈浯島在他方：金門學的「協商政治」與文學建構〉。新竹：國立清華大學台灣文學研究所碩士論文，二〇一九年。
＊朱西甯，〈回歸何處？如何回歸？〉，一九七七年。

第五章　永恆的向家飛行

人是會代謝的，世代是在更迭的，
歷史不是靜止於過去的死物，
而正在我眼前發生，暗中偷換。

也許每個父親背後都有一個巨大的世界，端看我們是否有能力把它建構起來。父親身世投影出來的深宅大院，有老樹濃蔭。那也是孩子虔心為他一磚一瓦搭建的墓穴，他未了的夢想。亡者的贈禮同時也是生者給逝者的愛的贈禮。若無力或無心建構就沒有遺產可供繼承，只剩下無端受之於父母，易朽的身體髮膚。

——黃錦樹，〈亡者的贈禮及其他〉，《焚燒》

外婆這幾年衰老嚴重，論文完稿時（二〇二二）更已謝世。最後幾年，鏡頭捕捉的不再是她的妙語如珠，而是唉聲嘆氣。不再能與我們嘻笑打鬧，「劉金姊的馬祖話教室」粉專也已停更。外婆的凋敝讓我意識到：人是會代謝的，世代是在更迭的，歷史不是靜止於過去的死物，而正在我眼前發生，暗中偷換。我必須用比肉身更長久的事物，才能挽救並報效於將我和馬祖意義性地聯繫起來的外婆，否則我充其量只是一具「無端受之於父母，易朽的身體髮膚」。

所以在夥伴的推波助瀾下，我們開創新粉專「回外婆家」，連續幾年回到最初之初——外婆誕生、也讓母親誕生的西犬島田澳村。口號是「因爲近鄉情怯，所以呼朋引伴。」吆喝台灣群島的朋友陪我一起（友島金門的夥伴特別熱情參與），代替身體不好的外婆回到她的故鄉。

二〇二一年夏天則以「島嶼大學」之名傳承在地知識，邀請島嶼老中青齊聚一堂，互相交流，開辦爲時兩天的馬祖系列課程：馬祖文學課、馬祖藝術課、馬祖音樂課（填了一首〈馬祖島唄〉一起歡唱）、馬祖歷史課（著重白色時代）……把外婆爲我創造的文化起點，用知識流傳。

因應疫情只好線上開課。原本「教室」都借好了，在鐵板村的金板境天后宮，那裡是古早的「學堂」所在。至她過世前，外婆口中的學校仍讀作學堂（houk tòung）。她就像一本閱歷了時代的活字典，雖然不識字，但面對她身後投影出那巨大的世界，我才是失學的頑童，一個半大不大的小孫子，扯著她花布的一小截衣角，跟在她身後粗淺地牙牙學語。

不諱言，本書試著努力朝向一門「馬祖學」，建構外婆背後的世界。論文的關鍵字也許需要格式工整，正襟危坐，但我心裡的關鍵字無疑是：回家。作家吳明益在《睡眠的航線》中寫道：「三郎在搭上火車之前摸了摸自己的包袱，他側著頭小聲地對裡頭被布密密包覆的秀男與阿海的指甲說：『僕らはもうすぐうちに帰る。』」我們就快要、回家了。歷經軍中文學、懷鄉文學的長征，寫到地方文學，突然頗有淚光閃閃的衝動，彷彿翻山越嶺，終於回到了家。然而回家豈有如此容易？這一路注定是一趟永恆的飛行：我和外婆的老樹濃蔭——雖然戰地馬祖很難有老樹濃蔭——那真正的「家」只能無限逼近，永遠不可能真正觸及。

⊗

二十年後，馬祖列島仍會待在原位，遙遙眺望他們曾經嚮往的本島，而本島終於將要抵達嚮往的座標，變成另一座島。原先隆起於水平面的島嶼離開後，留下一片抹除記憶、終於空白的海。正對著的視頻，插進廣告響起小蔡討厭的那首歌，「來去，來去，咱來去 go to Hawaii ——來去，來去，咱欲從台灣飛出

去——」……林老師突然想到，媽祖知道背對自己的島離開了嗎？

——黃崇凱，〈無人稱〉

而馬祖，正是整場「獨立戰爭」裡，第一個被解放軍登陸的地方……雖然馬祖幾天之後就被解放軍拿下，但它所拍下的第一場遭遇戰，卻意外記錄了守軍的初次勝利，這使得台灣當局獲得了一個鮮明的素材，能不斷吹噓「國軍的抵抗意志」……趙仲全也絕對不會聽錯：那就是「彼岸花」的聲音。

——朱宥勳，〈何日君再來〉，《以下證言將被全面否認》

時間往前走，越過了戰地政務時期、越過了初解嚴的一九九〇年代，來到了台灣海峽再次波詭雲譎的二〇二〇年代前後。台灣作家代有才人出，馬祖在地寫作者還來不及回應的課題，他們「越俎代庖」來關照。來自島外的當代政治寓言，除了難得地把馬祖視爲關切的核心、當成「我們」的一部分，也把馬祖裡裡外外看得分外清晰，調度的「馬祖課題」有如暮鼓晨鐘，直擊馬祖幽微的集體心理，或者寓言馬祖在「台灣共同體」中的重要角色（雖然很悲壯）。

黃崇凱代替馬祖表達了被拋棄的恐懼。台灣島突然逕自東移，總有一天抵達夏威夷，而澎、金、馬卻被板塊留在原地。物理上的背道而馳，象徵的是社會、心理上的離心離德。馬祖在歷史上與台灣的關聯不大，反而與福建沿岸的原鄉來往甚密，然而由於國共戰爭的牽連，馬祖才和「在海另一邊」的台灣綁定。

台灣本土意識形態崛起，台灣、馬祖相繼解嚴，質疑金馬屬於「中國」（無論中華民國或中華人民共和國）、而非台灣領土的聲浪不絕如縷，馬祖遂難免有被過河拆橋的怨懟。中華民國遷移台灣後，把馬祖當屏障台灣、也就是屏障自己這個政權的工具，任由馬祖全島基地化、全員戰備化；然而，當本土政權（準「台灣國」？）崛起，卻無視這份歷史創傷，放任某些支持者嚷嚷馬祖「可割可棄」，無疑牽動了馬祖長期對台灣的不信任。

若說黃崇凱處理的是一九九〇年代以降「後冷戰」浮上檯面的台、馬心結，那麼朱宥勳關注的則是馬祖解嚴三十年後，疑似「新冷戰」的不祥又兜頭罩頂。

二〇二二年八月，美國衆議院議長裴洛西（Nancy Pelosi）訪台，引發中共軍事演習，媒體稱「第四次台海危機」，馬祖又處在瀕臨戰爭的第一線。朱宥勳以文學預言也寓言，前線島嶼馬祖擺脫不了的戰地宿命：未來的某一日，解放軍劍指台灣，而馬祖成爲第一個淪陷的「國土」。馬祖淪陷後，廣播傳來神祕的報喪女聲「彼岸花」，每晚固定播報戰歿解放軍名單，瓦解了登台解放軍的士氣。據聞「彼岸花」是一名來自馬祖、幸運逃出戰火的中學女孩，從戰爭時期到「戰後台灣」，成爲一則匿名、美麗而憂傷的傳說。

彼岸花是馬祖縣花，馬祖多稱「紅花石蒜」，根莖有毒，日本傳說開於通往黃泉之路。馬祖在小說裡再度淪爲戰地，甚至失土，但卻成爲鼓舞台灣打勝「獨立戰爭」的心靈支柱。背後難免隱藏了馬祖的悲哀：戰爭時它才有價値，隸屬台灣所以能被台灣使用、能給予台灣屏障（與「彼岸花」的心理支持）；「和平」時，它的地位就出現疑義。

相當弔詭的是，過去舒暢等老兵「等待戰爭」，渴望以一場戰爭解除「枕戈待旦」、僵固在冷戰的冷極的現狀。如今，面對棘手的「中華民國 vs 台灣」史觀與意識形態對決，以及身陷其中的馬祖之兩面不是人，我們似乎又回到某種「等待戰爭」的局面，「期盼」一場戰事來分娩出「新台灣（群島）人」，來打造出眞正放下內部歧見的「新共同體」。

馬祖在未來的台灣裡身處什麼位置、扮演什麼角色，尚不得而知。但綜上所述，我們看見馬祖書寫早已鑲嵌在台灣文學史裡，並且爲每一個重要的文學標籤都多撐開了一點點空間。就像台灣、馬祖在「意外的國度」因緣際會後，兩座島的人群早已展開密切的交織；像我的台灣阿嬤與馬祖外婆在中壢的菜街相遇，隱喻了台灣群島所承載的「本土」其實正是「多元」——雖然一時難免雞同鴨講，但兩三代後鎔鑄出我這顆「意外的受精卵」、「中華民國台灣之子」，卻是兩地遭遇後，難以抹滅的證據。

⊗

幼獸在暖被裡翻個身，露出圓滾滾的小肚臍。媽媽用溫暖的手幫他整好睡衣，再蓋上輕柔的夢。這世界是一張大床，大地是潔白的床單。媽媽一天數次來餵食，哥哥姊姊放學就會來床上逗著玩。生命如此純粹，生活如此簡單，房間外的世界由爸爸媽媽去抵擋。躬耕自食，蕃薯、白飯、黃魚、牡蠣、與淡菜，伴隨著軍歌與漁歌唱晚。

窗外，天真的亮了。

——謝昭華，〈初見〉，《島居》

詩人謝昭華將這篇放在他的第一本散文集《島居》（二〇一六）結尾，然而這其實是他應邀專欄的第一篇文章。天爲什麼亮了？島嶼的黑暗既是物理性，也是社會與政治性的：戰地政務時代「燈火管制」下，馬祖人等待黎明前，要摸黑一夜；漁民爲了出海塡飽一家腹肚、維繫經濟生活，需要按照軍事統治的海洋管制，天亮了才能出海，天黑前必須靠岸。於是作家筆下的「天亮」饒富意義，象徵有權制定這些規範、箝制著島民的軍事統治時代的落幕。

換句話說，也正是海洋封鎖、戰地管制、軍法審判……漫長「永夜」的結束。

先得在馬祖有深沉的經歷、對馬祖有痛苦的思索，認知到馬祖如何在歷史上承受傷害，而後作家逐步帶領我們走向他們用文學建構起來的理想時，那道光，以及沐浴著光的平和，才如此令人動容、嚮往。

枕戈待旦，馬祖籠罩了幾個世代的永夜，就等待了幾個世代的破曉。雖然戰爭的烏雲仍不時飄來，但我們依然期待那一天——詩人說天亮了，我們終於可以放下武器，向黎明的光，伸伸懶腰。

參考資料

＊黃錦樹，〈亡者的贈禮及其他〉，《焚燒》。台北：麥田出版，二〇〇七年。
＊吳明益，《睡眠的航線》。台北：二魚文化，二〇〇七年。
＊黃崇凱，〈無人稱（上）〉，《自由時報》，二〇一八年一月十六日；黃崇凱，〈無人稱（下）〉，《自由時報》，

二〇一八年一月十七日。

＊朱宥勳，〈何日君再來〉，《以下證言將被全面否認》。台北：大塊文化，二〇二二年。

＊謝昭華，〈初見〉，《島居》。台北：聯合文學，二〇一六年。

謝辭

這本書最艱難也是最有趣的部分，是論文最初的從無到有。結束馬祖的工作，懷著問題意識熹妃回宮，完全沒在鳥「研究生有禮貌運動」，隨時都有最新進度和見解滿腹想傾吐。這一路感謝我的指導教授張俐璇老師。我對權威很敏感，但和老師的合作達成了夢寐以求的夥伴關係。

感謝賜序的兩位老師：劉宏文與張娟芬。第一次和宏文老師碰面時，我還不知他是舉足輕重的馬祖大作家。老師替我留下了外婆劉金的故事，那用母語的鑰匙才能準確開啟的戰地婦女的前半生。那篇文章叫〈我沒有坐過紅轎〉。那天外婆和眼前這位素昧平生的同鄉用母語聊得神采飛揚，是她謝世前我再也沒見過的光景。我和外婆之間，是被國家清洗過的語言，一根被剪斷的舌頭的距離。

謝謝宏文老師爲本書指出錯誤。老師寬厚，鼓勵道：「免得被揪住小辮子作文章。」從地方洗鍊出來的知識有岩石的質地，和學院足不點地的妄想大相逕庭。謝謝老師替馬祖耆老們保留的記憶，像夏夜站在外婆故鄉田澳村高點看船駛過澳口，一閃一閃亮晶晶。謝謝老師讓劉金成爲馬祖夜空其中一顆星星。

那時很痟貪，讀著台大還跑去面試北藝大文學跨域創作所。我本來就是張娟芬的讀者，可以告白以「從小讀您長大」的討人厭粉絲，從性別議題追到司法議題，每一本我都如數家珍。娟芬犀利，筆下有風雷，本人卻文質彬彬，輕聲細語，我擅自稱她反差萌姐姐。那年底，娟芬推薦我進入「亡國感的逆襲」群組，讓我有機會發表縫隙間的馬祖心聲。後來讀到南竿海盜林義和的故事，他被同爲投日的海賊，沉進南北竿之間的水道。那個意義很複雜，既是壯志未酬，也是死得其所（「海峽人」）。但最令我在意的，毋寧是他在幽暗水底四散飄零的骨骸，像馬祖撕裂於中台兩岸國族板塊的肉身。

能得兩位偶像的序，簡直像和文學劉德華、文學關之琳同場演出一樣榮幸而顫慄。也怕讀者喜愛序文更勝正文。但那就是請巨星站台的風險和魅力。

也是第一篇投書浮上水面，克服了最大靜摩擦力，才有後續的轉載，並受邀寫二〇二〇年大選的馬祖立委戰況，那時的編輯伯崧哥幫我解決了可怕的難題，我永誌不忘。後來也才有機會進駐鳴人堂，得到固定的版面發表評論，自封群島鎌鼬，看到黑影（議題）就開槍（收割）。感謝鳴人堂時代的編輯：筠涵、馨惠、熙堯、芮娣、宜蘭、人豪。以及鳴人堂收攤後，容我跳槽的轉角國際編輯齊皓。

若要回到「涉足文壇」（以得到稿費爲操作型定義）的最初，還有在網路書櫃 aNobii 這小角落發現籍籍無名的小角色如我偷臭很多書，繼而「延攬」我供稿一篇給《秘密讀者》的黃崇凱，和對我某篇很賤的讀後感給予積極回饋的朱宥勳。彼時戰神尚稱不上著作等身，而黃蟲的代表作《文藝春秋》還沒降生。愈大尊的神，愈是慷慨、開闊、謙虛。賜序的兩位老師如此，這些「文壇前輩」亦復如此。多疑而陰濕的我被他們的明朗照耀。

二〇二三年初，訪完《斷裂的海》作者李易安後我回到京都，突然收到他的訊息，問我是否想出書、是否已簽約。我說想想想，出書一直是我輩文青夢，奈何技不如人，苦無良機。他介紹了《斷裂的海》另一位作者何欣潔，澎湖人欣潔說她想創立出版社，鎖定離島議題。於是一拍即合。我在京都的祇園祭改完論文定稿，回台畢業，在京都的最後一個月開始改寫成書稿，總算完成在台灣的初冬。

從起心動念到付梓出版約莫剛好一年，這個夢甜熟而完足。感謝編輯佩佩，她是書的指導教授，事無鉅細，一句不落，還要幫我這個下標苦手想破大小標題、文案和書名。

書名幾經波折，燒乾腦汁數壺，截稿前夕，娟芬連同其序，送來了對書名的不同意見書。燈冷，編輯群組霎時狂風驟雨，當機立斷開啟再審，最後一槌定讞於娟芬的提案。兜兜轉轉，回到了我論文名稱的路線，也算是一種不負初衷吧。雖然所有曾經六道輪迴的書名中，我個人偏愛的其實是日文：島が語る，美得簡潔。只能寄望於售出日本版權了。當然，得到的幫助太多了，但那句很帥也很挫的話還是要附：文責仍由作者自負。

感謝龍哥和櫻桃姐，縱容我能放心的成爲一個古怪的兒子。不上班不買房不開車不娶某不生囝，和家父五子登科的人生涇渭分明。他對我充滿困惑，但從來不置一詞。頂多笑我「窮書生」。吳明益在《單車失竊記》裡寫：「爸跟媽生下了我們，想盡辦法努力工作供應我們念書，終於把我們改變成一種他完全不能理解的生物……」正是如此。但父母子女間並不需要理解——我也沒自信說我懂爸媽，又哪來的資格要求他們懂我——只需要信任、尊重和愛。很感謝他們給我全然的寵溺。

謝謝台大台灣文學研究所的老師和同學。尤其是《帝國大學臺灣文學部》的搭檔，在我淫威下被我一手調教成很罩的男人的炫霖，雖然他總是耍賤不回訊息。感謝京都大學四川老尼球 Mumu 陪我一條鴨川走不膩，春夏秋冬，遊遍芳叢。感謝馬祖夥伴，精神領袖兼排外囂婆董逸馨，她是我大寫的姐姐，不加前綴的姐姐只指她一人。她的有原則，與她以身證明「有理想，且用實際的方法支撐起理想的大人」眞的存在，都讓我欽佩。

愈來愈覺得，「仲間」（なかま）＝夥伴，能有共同目標、能一起完成目標的人，是人生路上最難得的朋友。寫這篇謝辭時正好在網路上再次看完《獵人》動畫。金說：「道草を楽しめ。大いにな。欲しいものより大切なものが、きっとそっちに、転がってる。」盡情享受追尋的旅程。比想要的更重要的東西，一

定會在其中出現。對他們父子而言是夥伴，對我而言也是。

有人吵吵鬧鬧，渡過風風雨雨，從馬祖到把馬祖成書的這段日子回想起來甜甜蜜蜜。

感謝馬祖，離開愈久，島就愈在我心裡結晶。這本書就是故鄉的晶體。

謝謝讓我擁有馬祖血緣的劉金姊姊，我最愛的肉球老太太，雖然她在我論文口考前不久就心臟驟停，陷入昏迷；在我赴日不久就魂歸西島。雖然她看不懂這些字，但一切我和馬祖的源頭都來自於她，這是外孫遲到多年的一封長篇情書……等我們見面我慢慢講給你聽？但我猜你會不耐煩：「講什乇喔？聽𫦍捌。」那就把書闔起來，跟你說：「腹桸空了！」你聽到關鍵詞會開心的眼睛一亮，搖搖晃晃到灶前，快手快腳端上戰地婦女少數的拿手好料，紅糟雞麵線。

愈說愈嚮往我們祖孫再次聚首那天了。希望我的馬祖話屆時能跟你多聊兩句。

沒人經過我同意就生下我，我感到野蠻與遺憾。但就像詩人說的：「你沒有更好的命運。」容或歷史上有無數個平行時空、無數道紛亂的閃電、中華民國台灣之鎔鑄成形有多偶然，但我只能是我。萬千因緣聚合收斂成一個此時此刻，此身，此地。海還是那片海。外婆的手還是那樣黧黑，粗糙，半夜醒來會忽然饒富興味的說起從前婦女隊的故事，然而那時我們還來不及聽懂……

二〇二三年十一月　台灣・桃園青埔

小島說話：當馬祖遠離戰地，成為自己

作者｜劉亦
封面設計｜ Tsenglee
內頁排版｜青春生技
封面插畫｜劉亦
責任編輯｜歐佩佩

出版｜離島出版有限公司
總編輯｜何欣潔
地址｜ 108 台北市萬華區中華路一段 170 之 2 號 1 樓
網址｜ offshoreislands.online
電話｜ (02) 2371-0300

發行｜遠足文化事業股份有限公司（讀書共和國出版集團）
地址｜ 231 新北市新店區民權路 108-2 號 9 樓
電話｜ (02) 2218-1417　**傳真**｜ (02) 2218-1142
電子信箱｜ service@bookrep.com.tw
郵政帳號｜ 19504465（戶名：遠足文化事業股份有限公司）
客服電話｜ 0800-221-029　**團體訂購**｜ 02-2218-1717 分機 1124
網址｜ www.bookrep.com.tw
法律顧問｜華洋法律事務所／蘇文生律師
印製｜中原造像股份有限公司
初版一刷｜ 2024 年 2 月
初版二刷｜ 2024 年 3 月

定價｜ 400 元
ISBN ｜ 978-626-98329-2-7
書號｜ 3KIT0001

國家圖書館出版品預行編目 (CIP) 資料

小島說話 : 當馬祖遠離戰地 , 成為自己 ／ 劉亦著 . -- 初版 . --
臺北市 : 離島出版有限公司出版 : 遠足文化事業發行 , 2024.02
264 面 ;14.5x20.5 公分 . -- (島語 ; 1)

ISBN 978-626-98329-2-7(平裝)

1.CST: 文化 2.CST: 歷史 3.CST: 人文地理 4.CST: 連江縣

733.9/145.4　　113001358